Am Tor zur Hölle

Der Weg eines Soldaten
zum Zen-Mönch

Claude AnShin Thomas

Am Tor zur Hölle

Der Weg eines Soldaten zum Zen-Mönch

—

Erweiterte und aktualisierte Neuausgabe von

Krieg beenden
Frieden leben

Aus dem Amerikanischen von
Andrea Krug und Wiebke KenShin Andersen

Theseus Verlag

Theseus im Internet: www.theseus-verlag.de.

Bibliografische Information der Deutschen Nationalbibliothek:
Die Deutsche Nationalbibliothek verzeichnet diese Publikation
in der Deutschen Nationalbibliografie;
detaillierte bibliografische Daten sind im Internet über
http://dnb.d-nb.de abrufbar.

ISBN 978-3-89901-795-3

Umschlaggestaltung: Morian & Bayer-Eynck, Coesfeld,
www.mbedesign.de unter Verwendung eines Fotos von © Ron Seymour
Lektorat: Ursula Richard / Susanne Klein
Gestaltung und Satz: Ingeburg Zoschke, Berlin
Druck: CPI – Clausen & Bosse, Leck
Printed in Germany

An meinen Sohn, Zachary Alan Thomas,
dessen Gegenwart und Liebe
eine Inspiration für meine Heilung
und Transformation waren.

Und an Arnie Kotler,
dessen konstante persönliche Unterstützung
und professionelle Begleitung mir geholfen
haben, aus dem, was meine größte Tragödie
zu sein schien, ein Buch zu machen,
das möglicherweise anderen helfen kann.

Inhalt

Zen Meister Guichen fragte: »Wohin gehst du?«
Fayan antwortete: »Auf eine immerwährende Pilgerreise.«
Guichen fragte: »Warum pilgerst du?«
Fayan anwortete: »Das weiß ich nicht.«
Guichen sagte: »Nicht-Wissen geht sehr nahe.«

aus: *Die Aufzeichnungen des Meisters Fayan Wenyi*

Vorwort

Vor einigen Jahren spielte ich einen Bundeswehrgeneral in einem Film mit dem Titel »Das Kommando«. Er handelte von einem geheimen Spezialeinsatz im Kaukasus gegen islamistische Terroristen. Zur Einstimmung empfahl uns der Regisseur Thomas Bohn die Lektüre von Claude AnShin Thomas' Buch *»At Hell's Gate«**. Ich war zutiefst beeindruckt und berührt von der Lebensgeschichte dieses Mannes, der sich vom gewaltbereiten US-Army-Soldaten zum buddhistischen Bettelmönch entwickelte und wandelte.

Ich selbst war nicht bei der Bundeswehr und hatte auch sonst kaum Vorstellungen vom Militär und von militärischen Vorgängen. Das änderte sich nach der Lektüre von *»At Hell's Gate«* allerdings. Nie zuvor hatte ich so genaue, ehrliche und selbsterlebte Beschreibungen von Brutalität, Gewalt und von deren Entstehung gelesen. Claude AnShin Thomas berichtet auf eindringliche und zwingende Weise, wie Gewalt den Menschen bricht und zerstört, wie der Mensch entmenscht wird und schließlich den »Feind« überhaupt nicht mehr als menschliches Wesen wahrnimmt.

Ich verstand zum ersten Mal mein kompliziertes Verhältnis zu meinem Vater, der gebrochen aus dem Zweiten Weltkrieg zurückkehrte und nicht fähig war, das Erlebte zu verarbeiten. Traumatisiert bis an sein Lebensende war er nie in

* Titel der amerikanischen Originalausgabe (Anm. d. V.)

der Lage gewesen, über seine Erlebnisse zu sprechen, hatte alles in Alkohol ertränkt.

Dieses Buch ist mehr als ein biografisches Dokument, es ist ein Lehrbuch über verrohende Zusammenhänge und Tendenzen in unserer Gesellschaft, die wir nicht wahrhaben wollen. Es ist auch eine Pflichtlektüre für alle jungen Menschen, die sich ihre Zeit mit Kriegsspielen am Computer vertreiben. Gleichzeitig ist es ein Buch über die Verarbeitung und Transformation solcher Gewalt-Traumata.

Für mich ist es eins der besten Bücher, das ich je gelesen habe, und es ist eine Ehre für mich, Claude AnShin Thomas persönlich zu kennen, einen Mann, der mir aus dem Herzen spricht, wenn er sagt, dass Gewaltlosigkeit die einzige Überlebenschance für unseren Planeten ist.

Februar 2008 *Robert Atzorn*

Einleitung Gebet eines Soldaten

Im Alter von siebzehn Jahren trat ich in die U.S. Army ein und meldete mich freiwillig für den Dienst in Vietnam. Indem ich zu den Waffen griff, war ich direkt für das Töten von mehreren hundert Menschen verantwortlich, und das Töten hörte erst auf, als ich ehrenhaft entlassen und mit zahlreichen Orden, einschließlich einem Purple Heart, einem Verwundetenabzeichen, nach Hause geschickt worden war. Doch als ich die Granatsplitter meines Lebens wieder zusammenfügte und das Herz entdeckte, das durch den Krieg zerbrochen war, begriff ich, dass es kein gerechtfertigtes Töten gibt, keine Trennung zwischen guter und schlechter Gewalt und dass echte Moral oder Redlichkeit im Krieg nicht existiert. Krieg ist niemals moralisch. Er ist einfach ein Ausagieren von Leid. Handeln, das aus Leiden resultiert.

Dies zu begreifen und die erste buddhistische Richtlinie (zugleich das fünfte christliche Gebot) zu akzeptieren – nicht zu töten – erforderte einen langen Marsch, nicht nur durch Vietnam, durch Obdachlosigkeit, Heimatlosigkeit und Gefängnisse, sondern auch durch von Krieg in Mitleidenschaft gezogene Gebiete auf der ganzen Welt, von Bosnien bis Afghanistan, von Auschwitz bis Hiroshima.

Dieses Buch enthält Aufzeichnungen, die ich auf diesen Märschen niedergeschrieben habe; ich will damit versuchen weiterzugeben, was ich nicht nur in Klöstern, in denen ich unterwiesen wurde, gelernt habe, sondern auch in Schützengräben, auf der Straße und in Heimen, wo ich die Einsicht des Buddha über die Wirklichkeit des Leidens als Wahrheit entdeckt habe. Wir alle streben nach Glück – nach dem, was gut, angenehm, richtig, von Dauer, freudvoll, harmonisch, befriedigend und einfach ist. Doch das Leben bringt oft Enttäuschung, Unzufriedenheit, Unvollkommenheit und Kummer mit sich. Und genau dieses Leiden führt uns zu Gewalt gegen uns und andere, und der einzige Weg, Gewalt ein für allemal zu beenden, besteht darin, sich mit diesem Leiden zu versöhnen. Dieser Weg, der Weg des Buddha, kann uns helfen, Leiden zu lindern und mit größerem Frieden in der Welt zu leben.

Ich hoffe, dass dieses Buch denen von Nutzen sein wird,
die von Gewalt betroffen sind
und sich nach etwas anderem sehnen – Frieden.

Ein jeder hat sein Vietnam. Eine jede hat ihren Krieg. Machen wir uns gemeinsam auf eine Pilgerreise, um diese Kriege zu beenden und wahrhaft in Frieden zu leben.

Kapitel 1 Die Saat des Krieges

Bitte stellen Sie sich vor, es regnet. Schließen Sie die Augen und beobachten Sie, welche Gefühle, Gedanken und Empfindungen sich einstellen, wenn Sie an Regen denken.

Ich bin jedes Mal im Krieg, wenn es regnet, berühre wieder den Krieg. Zwei Regenzeiten hindurch habe ich schwerste Kämpfe durchlebt. Während der Monsune in Vietnam hinterlassen die gewaltigen Wassermassen alles nass durchtränkt und schlammig. Wenn es heute regnet, gehe ich noch immer über Schlachtfelder voller junger Männer, die schreien und sterben. Ich sehe noch immer Baumreihen vor mir, die vom Napalm zersetzt werden. Ich höre noch immer siebzehnjährige Jungen nach ihren Müttern und Vätern und Freundinnen rufen. Erst danach gelange ich an den Ort, an dem es einfach nur regnet.

In Ermangelung eines besseren Wortes schlage ich vor, diese Erfahrungen »Erinnerungsblitze« zu nennen. Es handelt sich dabei um das Wiedererleben von Erfahrungen, die ich noch nicht verarbeitet habe. Es kann passieren, dass ich in einem Lebensmittelladen eine Dose Gemüse aus dem Regal nehmen will und plötzlich von der Angst überwältigt werde, dass die Dose eine getarnte Sprengstoffladung enthält. Verstandesmäßig weiß ich, dass das nicht so ist, aber ich habe ein Jahr lang in einer Umgebung gelebt, in der es so war – und bis zum heutigen Tag bin ich nicht in der Lage, diese Erfahrung in ihrer ganzen Tiefe wirklich zu verarbeiten.

Dies ist nicht nur meine Geschichte. Sie wiederholt sich jeden Tag überall auf der Welt. Jeden Tag durchleben Menschen ihre Kriegserlebnisse und ihre Kindheitstraumata aufs Neue.

Bevor wir an einen Ort des Friedens gelangen, müssen wir mit unserem Leiden in Berührung kommen – wir müssen es umarmen und halten. Das habe ich in den letzten Jahren gelernt. Während der langen Jahre davor habe ich einzig gelernt, wie man Krieg führt.

Lernen, Krieg zu führen

Während der ersten siebzehn Jahre meines Lebens habe ich die Saat der Gewalt in mir gewässert. Nichts, was ich erlebte, sagte mir, dass Krieg nicht in Ordnung sei. Krieg war überall. Ich wuchs in einer Kleinstadt in Pennsylvania auf. Mein Vater hatte wie die meisten Männer im Ort am Zweiten Weltkrieg teilgenommen. Wenn die Männer über den Krieg sprachen, sagten sie nicht die Wahrheit. Weil sie nicht in der Lage waren, die Saat des Leidens zu berühren, die der Krieg tief in sie hineingelegt hatte, sprachen sie über ihn wie über ein großartiges Abenteuer. So wurde es an mich weitergegeben.

Als ich siebzehn wurde und mein Vater mir vorschlug, Soldat zu werden, hinterfragte ich dieses Ansinnen nicht. Ich wusste auch nicht viel über Politik; Politik spielte keine Rolle in meinem Leben. Heute weiß ich, warum politisches Interesse wichtig ist: Wir müssen wissen, was in der Welt vorgeht, denn was immer geschieht, hat seine Auswirkungen auf jeden von uns.

Mein Vater und die Männer und Frauen seiner Generation waren von Illusion und Verleugnung erfüllt; sie waren nicht in der Lage, Zugang zu der Wirklichkeit ihrer Erfahrungen zu finden. Das wurde weder bei ihnen noch bei mir auf irgendeine Weise gefördert. Doch während des Krieges in Vietnam geschah etwas Ungewöhnliches, etwas, das es vielen von uns unmöglich machte, die Kriegsrealität zu verleugnen.

Ich habe mich freiwillig für den Einsatz in Vietnam gemeldet, weil ich es für richtig hielt. Ich wusste nichts von der Natur des Krieges oder der Natur der Gewalt. Drei Tage nach meiner Ankunft in Vietnam begann ich zu begreifen. Es war irrsinnig. Ich kann es nicht genau beschreiben. Ich konnte und kann es schmecken und riechen und die Leere in den Augen aller um mich herum sehen. Es war, als befände ich mich in einem surrealistischen Horrorfilm. Während ich auf den Befehl wartete, der mich einer Einheit zuweisen würde, verbrachte ich meine ersten drei Tage in Vietnam damit, Tausende von verdorbenen Schokoriegeln in einem Vorratslager zu vernichten. Außerdem konfiszierte ich – das ist der militärische Ausdruck für stehlen – mit Unterstützung des diensthabenden Unteroffiziers eine Halskette aus gezüchteten Mikimoto-Perlen – eine Anschaffung, die meine finanziellen Mittel bei weitem überstiegen hätte. Zwei Tage später brachte ich die Kette zurück, denn ich wusste, dass es unrecht war, zu stehlen.

Während der Grundausbildung lehrte man mich zu hassen. Auf dem Schießstand schossen wir auf Zielscheiben, die Menschen darstellten. Wir lernten, MENSCHEN zu töten. Das ist die Aufgabe des Militärs. Nach den Schießübungen waren wir angehalten, unsere Waffen einzusammeln und zu einer Pyramide aufzustellen. Als ich mich anschickte, mein Gewehr dazuzustellen, ließ ich es fallen. Der Ausbilder, ein Oberfeldwebel, brüllte los, dass ich schlampig mit meinem Gewehr umgehe und dass mein Gewehr das Allerwichtigste in meinem Leben sei, denn von ihm hänge ab, ob ich überlebte oder starb.

Der Typ war einsfünfundneunzig groß, ich hingegen bin nur gut einssiebzig. Er baute sich vor mir auf, seine Brust wölbte sich vor meinem Gesicht, und er erdolchte mich fast mit dem Finger. Dann holte er seinen Penis heraus und pinkelte mich an, vor aller Augen. Ich durfte mich zwei Tage lang nicht waschen. Ich war so tief beschämt, dass ich an das Ausmaß meiner Gefühle nicht im Entferntesten zu rühren vermochte. Ich verspürte nichts als Zorn. Ich konnte es dem Oberfeldwebel nicht heimzahlen, denn dann hätte man mich in den Bau geschickt. Also habe ich meinen Zorn auf DEN FEIND gerichtet. Der Feind war jeder, der anders war als ich, jeder, der kein amerikanischer Soldat war. Diese Konditionierung, diese Entmenschlichung, ist notwendig, um ein guter Soldat zu werden. Ein guter Soldat kann sich dem Feind nicht verbunden fühlen. Soldaten werden darauf getrimmt, alles andere und jeden anderen als bedrohlich, gefährlich und potenziell tödlich wahrzunehmen. Du entmenschlichst den Feind. Du entmenschlichst dich selbst. Von diesem Zeitpunkt an ging eine Veränderung mit mir vor, die schlimme Konsequenzen haben sollte.

Meine Militärausbildung lehrte mich, ein ganzes Volk zu entmenschlichen. Es wurde nicht unterschieden zwischen dem Vietkong, der regulären vietnamesischen Armee und der allgemeinen vietnamesischen Bevölkerung. Doch wäre ich durch mein früheres Leben nicht auf die Militärausbildung vorbereitet gewesen, dann hätte diese Art Unterweisung nicht funktioniert. Als junger Mann wurde ich ermutigt, zu kämpfen, voller Voreingenommenheit zu sein und nationalistisch zu denken. Ich lernte, dass man Probleme durch Gewaltanwendung löst. Im Falle eines Konflikts gewinnt der Stärkere. So lernte ich es von meiner Mutter, von meinem Vater, von meinen Lehrerinnen und Lehrern und von meinen Freunden.

Als ich sechs Jahre alt war, lebte ich mit meinen Eltern in einem Apartment in einer ganz gewöhnlichen amerikanischen Gemeinde im nordwestlichen Pennsylvania. Mein Vater war Lehrer, und meine Mutter machte anderer Leute Wäsche, ging putzen und jobbte manchmal als Kellnerin oder Barfrau, um Geld dazuzuverdienen. Eines Tages wollte ich Fahrrad fahren, aber meine Mutter erlaubte es mir nicht. Ich fing an zu quengeln. Daraufhin gab mir meine Mutter einen Schubs, und ich flog mitsamt meinem Fahrrad die Treppe hinunter – zwanzig Stufen. Ich habe keine Ahnung, wieso ich mir keine ernsthaften Verletzungen zuzog. Vielleicht weil Kinder geschmeidig sind. Aber sie lernen auch entsprechend ihrer Umgebung.

Meine Mutter hat oft Gewalt angewendet. Einmal hat sie mir die Hand in den Nacken gelegt, mich herumgerissen und mein Gesicht an die Wand gedrückt – ohne ersichtlichen Grund. Anschließend hat sie mir gesagt, wenn ich ein besserer Mensch wäre, müsste sie mich nicht so behandeln. Ich lernte, keinen Schmerz zu empfinden und niemandem zu trauen, besonders Autoritätspersonen nicht.

In der Stadt, in der ich lebte, gab es einen See, und im Frühjahr stieg der Wasserpegel wegen der Schneeschmelze ziemlich an. Als ich etwa acht Jahre alt war, ging ich eines Tages hinaus, um zu spielen. Ich hatte ein Paar neue Turnschuhe bekommen, die noch ein sehr sauberes, klares Profil besaßen, und ich sollte spätestens um vier Uhr wieder zu Hause sein. Doch was weiß ein Kind schon von der Zeit? Als ich um vier Uhr nicht zu Hause war, geriet mein Vater in Sorge und machte sich auf die Suche nach mir. Er ging zum See hinunter und fand kleine Fußspuren, die zum Wasser führten, aber nicht mehr zurück. Die Fußspuren wiesen ein Profil auf wie das meiner neuen Turnschuhe. Mein Vater dachte, ich sei in den See gefallen, und der Gedanke, ich könne ertrunken sein, erfüllte ihn mit großer Furcht. Er eilte nach Hause, und als er ankam, war ich bereits dort.

Seine Reaktion auf seine Angst bestand darin, sie auf mich zu übertragen. Mein Vater konnte seine Angst nicht zulassen, er konnte das Gefühl seiner Machtlosigkeit nicht ertragen, also drückte er seine Angst durch das einzige Gefühl aus, zu dem er Zugang hatte: seine Wut. Er zerrte mich ins Badezimmer, zog mir die Hosen herunter, nahm seinen Gürtel ab und schlug mich damit, bis ich grün und blau war und vom Nacken bis zu den Fesseln blutete. Plötzlich merkte mein Vater, dass er mich ernsthaft verletzte, und hielt inne. Er begann Heilsalbe auf meine Wunden aufzutragen und erzählte mir, dass er mich geschlagen habe, weil er mich liebe. Das wiederholte er die ganze Zeit, während er mich verarztete: Er habe mich geschlagen, weil er mich liebe. Das war der Anfang einer langfristigen Beziehung, der Beziehung zwischen Liebe und Gewalt.

Mein Vater hatte nicht die Absicht, mir wehzutun. Er hatte keine andere Wahl. Mein Vater war nicht in der Lage, mit seinem Leiden in Berührung zu kommen. Und deshalb agierte er sein Leiden auf diese Weise an mir aus. Meine Mutter hatte nicht die Absicht, mir wehzutun. Sie war nicht in der Lage, mit ihren Gefühlen in Berührung zu kommen, sich ihr Leiden anzusehen, also ließ sie es an mir aus. Mein Vater, ein Soldat, der im Zweiten Weltkrieg gekämpft hatte, starb im Alter von dreiundfünfzig Jahren an Alkoholismus.

Liebe und Gewalt

Liebe und Gewalt: Wenn ich mein Land liebe, müsse ich bereit sein, für mein Land zu kämpfen und zu sterben – so wurde es mir beigebracht. Als ich mit meiner Militärausbildung begann, meldete ich mich freiwillig, um in Vietnam zu kämpfen. Man sagte mir, dass ich dorthin gehe, um Frieden zu bringen. Dass Frieden mit vorgehaltenem Gewehr geschaffen werden könne. Und warum sollte ich etwas anderes glauben?

Im Alter von siebzehn Jahren verließ ich die High School und ging direkt zur Armee. Mein Vater ermutigte mich dazu. Ich brauchte seine schriftliche Einwilligung. Mir war ein Sportstipendium an der Universität angeboten worden, aber mein Vater drängte mich, es abzulehnen, denn er meinte: »Du bist nicht charakterfest genug. Du wirst versagen, und sie werden dich rauswerfen. Du bist zu wild.« Unterdessen habe ich durch die Unterweisungen des Buddha gelernt, »andere Menschen, Kinder eingeschlossen, auf keinerlei Weise zu nötigen, unsere Ansichten zu übernehmen«. Mein Vater teilte diese Überzeugung nicht.

Es steckte ein Körnchen Wahrheit in dem, was er sagte: Ich war ein ungebärdiges Kind. Wenn ich heute das eine oder andere von dem täte, was ich damals tat, würde man mich vermutlich verhaften und ins Gefängnis stecken. Damals war einfach eine andere Zeit. Ich habe regelmäßig Autos geklaut. Ich habe Autos geklaut, einzig um damit durch die Gegend zu kutschieren. Ich ging einfach nach Geschäftsschluss zum nächsten Plymouth-Händler und spähte die Gebrauchtwagen aus, bis ich einen fand, dessen Zündschlüssel steckte. Ich stieg einfach ein, fuhr los und gondelte die ganze Nacht aus reinem Vergnügen durch die Gegend. Anschließend brachte ich den Wagen wieder zurück. Weder die Autos noch ich haben je Schaden genommen. Reines Glück, glaube ich.

Ich kam immer sehr spät abends nach Hause. Niemand kümmerte sich um mich. Ich war auf mich selbst gestellt. Es gab keine festen Regeln. Mein Vater war wohl nicht in der Lage, Regeln aufzustellen, denn er war zu beschäftigt mit seiner Trinkerei, war zu sehr mit seinem eigenen Leiden befasst.

Außerdem war er oft fort. Seit ich zwölf war, wuchs ich auf, ohne dass sich jemand groß um mich kümmerte. Ich stand nicht unter elterlicher Aufsicht. Ich musste meine eigenen Regeln aufstellen.

Wie kam es, dass ich schließlich bei der Armee landete? Ich wusste nicht, was ich sonst hätte tun können. Ich hatte keine Ahnung. Mein Vater schlug es mir vor, und er war der Vater. Selbst ein abwesender Vater ist eine mächtige Figur im Leben einer Familie, insbesondere im Leben eines Sohnes. Er und seine Freunde, die im Zweiten Weltkrieg gekämpft hatten, saßen oft herum und betranken sich und erzählten Geschichten, die den Krieg verherrlichten und ihn aufregend und romantisch erscheinen ließen. Ich lauschte diesen Geschichten nicht bloß – ich sog sie begierig ein und wollte Teil von ihnen sein. Ich verinnerlichte diese Geschichten, ohne sie zu hinterfragen, ich hörte meinem Vater zu, ohne ihn zu hinterfragen, und wurde Soldat. Doch man muss nicht unbedingt mit einem Ex-Soldaten als Vater aufwachsen, um romantisch-verklärende und irreführende Geschichten über den Krieg zu hören. Die amerikanische Massenkultur produziert am laufenden Band Filme, die den Krieg romantisch verklären und verherrlichen. Sie zeigen den Krieg fast nie so, wie er wirklich ist.

Doch der Krieg, ob echt oder im Film, ist nicht der einzige Ort, an dem eine kriegerische Mentalität kultiviert wird. Sie wird auch durch den Sport an den Schulen befördert. In der High School war ich ein guter Sportler. Im Grunde hatte ich es meiner sportlichen Begabung zu verdanken, dass ich nicht von der Schule gewiesen wurde; ich war in allen Sportarten, die angeboten wurden, ziemlich gut: Baseball, Football, Ringen. Und in all diesen Sportarten, in all den Mannschaften herrschte diese kriegerische Mentalität. Auf diese Weise wurde ich konditioniert: durch die Gesellschaft, die Kultur (Filme, Literatur ...), die Geschichten meines Vaters, die Geschichten der Freunde meines Vaters und meine eigenen Erfahrungen auf dem Sportplatz. Ich kannte die Wahrheit nicht; ich hatte nicht klar vor Augen, was wirklich geschah. Ich besaß eine romantische Vorstellung von Wettstreit, von Kampf und Krieg. Für mich waren kriegerische Auseinandersetzungen nur ein weiteres Spiel.

Gleichzeitig war ich sehr unsicher, extrem unsicher, schüchtern und zurückhaltend und äußerst misstrauisch. Wenn ich Soldat wurde und in den Krieg zog, so stellte ich mir vor, würde ich eine Menge Orden einheimsen und als Held heimkehren, geliebt und geachtet und versorgt werden. So lautete der Kern der Geschichten: Genau so würde es sein, und ich würde mir über nichts groß Gedanken machen müssen. Romantische Vorstellungen bewogen mich, Soldat zu werden. »Geh zur Armee«, sagte mein Vater, »dort werden sie einen Mann aus dir machen.« Und wenn ich ein Mann war, so dachte ich, würde man mir mit Respekt, Liebe und Fürsorge begegnen.

Ich erinnere mich genau daran, wie mein Vater mich zum Bus brachte. Wir fuhren von Waterford, Pennsylvania, nach Erie, Pennsylvania, eine Strecke von etwa vierzig Kilometern. Mein Vater brachte mich zu der Stelle, an der der Bus halten sollte. Ich hatte einen kleinen braunen Koffer bei mir ... den Koffer eines Pfadfinders. Ja, pfadfinderbraun.

Und ich hatte mit schwarzem Filzstift meinen Namen auf den Koffer geschrieben. Mein Vater fuhr mich zur Bushaltestelle, kaufte mir eine Fahrkarte und ließ mich dort allein zurück. Er wartete nicht auf den Bus. Er ließ mich einfach allein zurück. Verließ mich. Ließ mich im Stich. Meine Gefühle waren so heftig, so stark, dass ich sie nicht zuzulassen vermochte.

Der Bus brachte mich von Erie nach Buffalo, New York, hundertfünfzig Kilometer weiter, wo ich gemustert werden sollte. Als ich in Buffalo ankam, erhielt ich einen Gutschein für ein Hotel. Das Zimmer war ziemlich groß, und ich musste es mir mit mehreren anderen jungen Männern teilen. Ich ging als Erstes los und kaufte mir was Alkoholisches zu trinken. Ich war nicht bewusst auf der Suche nach einer Fluchtmöglichkeit, aber ich muss entsetzliche Angst gehabt haben. Also zog ich los und besorgte mir Alkohol – oder jemand anders besorgte ihn – und betrank mich. Auf diese Weise konnte ich vor meiner Angst flüchten.

Am nächsten Morgen hatte ich einen ziemlichen Kater, aber ich musste aufstehen und zur Musterung erscheinen. Wir alle mussten uns der ärztlichen Untersuchung unterziehen und eine Menge Papierkram ausfüllen. Dann wurden wir in einen anderen Raum geführt und legten den Eid ab. Ich war nun Soldat.

Am nächsten Tag fuhren wir mit dem Zug nach Fort Dix in New Jersey. Das letzte Stück zur Kaserne legten wir mit dem Bus zurück. Als wir ausstiegen, begrüßte uns ein Feldwebel, indem er uns unflätig beschimpfte, uns anschrie und uns demütigende Obszönitäten an den Kopf warf. Ich dachte sofort: »Meine Entscheidung war falsch. Ich habe eine schlechte Wahl getroffen. Das hier gefällt mir nicht. Mein Vater hat mich belogen. Das hier ist kein Spaß.« Ich wollte einfach nur nach Hause. Aber ich konnte nicht nach Hause gehen. Mein Leben hatte eine unwiderrufliche Wende genommen.

Als Erstes bekamen wir unsere Grundausrüstung: Decken, Uniform und Stiefel, Unterwäsche, Handtücher und eine Tasche, in der wir alles verstauen konnten. Dann mussten wir uns die Haare schneiden lassen. Wir schrieben das Jahr 1965; mein Haar war ziemlich lang. Der Einfluss der Beatles. Als ich vor dem Friseur stand, tauften die anderen mich Professor – vermutlich wegen meiner langen Haare. Ich begriff letztlich nicht, was da vor sich ging. Doch dann war ich auch schon an der Reihe, nahm auf dem Stuhl Platz, und der Friseur schor mir den Kopf. Es war demütigend.

Die achtwöchige Grundausbildung war eine schwierige Zeit für mich. Ich wollte nicht dort sein. Es war ein echter Kampf für mich. Die körperlichen Herausforderungen der Grundausbildung meisterte ich vorzüglich, aber ich hatte enorme Probleme mit der Disziplin, denn sie erschien mir sinnlos. Sie ergab für mich einfach keinen Sinn. Ich begriff nicht, dass es einzig darum ging, meinen Willen zu brechen. Meinen Willen zu brechen und mich nach ihrem Bilde wieder aufzubauen. Ich legte großen Widerstand an den Tag, und die Zeit war sehr schwer für mich.

Nach der ersten Hälfte der Grundausbildung kam ein Zeitpunkt, an dem ich äußerst mutlos war. Ich betrat die Kaserne und schlug mit der Faust jedes einzelne Fenster ein, an dem ich vorüberkam. Meine Fäuste waren voller Schnittwunden und bluteten. Ich ging nach oben und ging in ein Zimmer, schloss die Tür, verbarrikadierte sie mit einem Spind und kletterte zum Fenster hinaus. Ich setzte mich auf das Dach. Ein Oberleutnant, ein sehr aggressiver, zorniger, unsensibler junger Mann von Anfang zwanzig, kletterte zu mir hinaus. Ich weinte und wusste nicht, was ich tun sollte. Die Gefühle überschlugen sich in mir. Er reagierte darauf, indem er mich schlug. Er schlug mich ins Gesicht und boxte auf mich ein. Wenn ich das gemeldet hätte, wäre er in ernste Schwierigkeiten geraten. Doch ich kapierte gar nicht, dass er mich nicht hätte schlagen dürfen – misshandelt zu werden war für mich nichts Ungewöhnliches.

Später sprach ein Feldwebel mit mir. Er war ein freundlicher Mann, ein guter Mensch, und er zeigte ein gewisses Maß an Mitgefühl mit mir. Sein Handeln hat mich wirklich berührt. Er schien sich wahrhaftig um mich zu sorgen und hat mich sehr unterstützt; er half mir, in einer Welt zurechtzukommen, auf die ich in keinster Weise vorbereitet gewesen war. Er sagte: »Hör zu. Du wirst nicht nach Hause zurückkehren. Du wirst die nächsten drei Jahre hier sein, also mach das Beste daraus.« Die Art, wie er das sagte, veranlasste mich, emotional dichtzumachen – mich gegen all meine Gefühle vollkommen abzuschotten. Ich sagte: »Okay, dann werde ich das eben durchziehen. Ich werde mein Bestes tun, um ein guter Soldat zu sein. Ich werde einfach all meine Gefühle unterdrücken. Ich werde mein Bestes geben.«

Ein Teil von mir wollte sich wirklich davonmachen. Ich wusste bloß nicht, wie ich es anfangen sollte. Ich war auch so jung, viel jünger als all die anderen dort. Während meiner ganzen Soldatenlaufbahn war ich immer und überall der Jüngste. Ich war der Jüngste bei meiner Grundausbildung, ich war der Jüngste bei meiner weiteren Ausbildung und war der Jüngste in meiner Einheit in Vietnam. Ich war jung und hatte nicht den geringsten Durchblick.

Angesichts des ganzen Irrsinns, der Misshandlungen, der Manipulation, der Zwangsmaßnahmen und auch angesichts der Art von Menschen, mit denen ich zu tun hatte, fühlte ich mich völlig überfordert. Ich stammte aus einem kleinen Ort in einer ländlichen Gegend und wusste nicht mit dieser Art von Menschen umzugehen. Ich wurde ziemlich schikaniert, wurde häufig ausgenutzt, häufig von älteren Menschen manipuliert. Ich hatte keine Kontrolle über mein Leben, trank eine Menge Alkohol und war fast die ganze Zeit über mehr oder weniger betrunken. Ich trank jeden Tag. Sobald wir die Erlaubnis hatten auszugehen, hing ich jeden Abend in den Bars herum. Ich begann ernstlich zu leiden. Und ich hatte bald enorme Geldprobleme. Weil ich schwer trank und zunehmend alkoholabhängig wurde, reichte mein Geld nie von einem Zahltag bis zum nächsten. Infolgedessen bekam ich Ärger mit den Leuten, von denen ich mir Geld lieh, denn ich lieh mir stets mehr, als ich zurückzahlen konnte. Mein Leben geriet mir völlig außer Kontrolle. Und doch zeigte sich eine merkwürdige Kontinuität darin. Das Militär war eine natürliche Fortführung der Misshandlungen und der Vernachlässigung, die ich als Kind erlebt hatte.

Um meine zunehmend ausweglose Lage zu verändern, meldete ich mich freiwillig zum Einsatz in Vietnam. Anfangs hieß es, ich könne nicht gehen, weil ich zu jung sei. Ich blieb hartnäckig. Ich musste dem Schlamassel entrinnen, den ich angerichtet hatte. Dann hieß es, ich solle einen Aufsatz über die Frage schreiben, warum ich nach Vietnam gehen wollte, und wenn die Argumentation überzeugend sei, würde ich hingeschickt. Das war 1966. Der Krieg eskalierte, die Gefechte wurden schwerer und verlustreicher, und sie brauchten mehr Soldaten. Außerdem glaube ich, dass die Einheit, bei der ich stationiert war, froh war, mich loszuwerden. Ich war beileibe kein unproblematischer Soldat – ich war ständig betrunken und zertrümmerte Fensterscheiben und schlug sonstwie über die Stränge. Heute verstehe ich, warum ich über die Stränge schlug. Ich agierte all die

Ursachen und Bedingungen meines Lebens aus – mein Leiden. Aber die Armee war nicht der rechte Ort dafür; dort scherte man sich nicht um einen jungen Mann, der nicht mit sich zurechtkam. Dort war niemand, der gesagt hätte: »He, mit diesem Jungen stimmt was nicht. Er braucht Hilfe.«

In Vietnam war ich unmittelbar für den Tod vieler, vieler Menschen verantwortlich. Doch ich betrachtete das, was ich tat, nicht als das Töten von Menschen. Das Ziel meiner Ausbildung war es gewesen, den Feind zu entmenschlichen, und dieses Ziel war erreicht worden.

Ich kapierte nicht, dass ich erschossen werden konnte

Anfangs war ich beim 90. Reservebataillon in Tan San Nhut stationiert, und zwar für etwa zehn Tage. Jeden Morgen traten wir zum Appell an und zählten durch. Dann hieß es: Okay, die mit der Nummer eins gehen hierhin, die mit der Nummer zwei dorthin, die mit der Nummer drei machen dieses, der Rest jenes. Am zehnten Tag wurden alle, die die Nummer drei hatten, zur Kampfhubschrauber-Einheit beordert, um Bordschützen im Helikopter zu werden. An dem Tag war ich eine Nummer drei, also wurde ich Bordschütze. »Packt eure Sachen«, hieß es, »hier sind eure Befehle. Trefft euch dort drüben. Dort wird man euch sagen, wo es hingeht.« Es blieb keine Zeit zum Nachdenken, keine Zeit, um zu begreifen, was da eigentlich geschah.

In Phu Loi, in der Nähe von Saigon, wurde ich der 116. Kampfhubschrauberkompanie zugewiesen. Ich wurde in die Kaserne geschickt und bekam eine Pritsche und einen Platz für meine Sachen zugewiesen, und dann wurde ich dem Einsatzleiter vorgestellt, mit dem ich fliegen würde. Er zeigte mir, wo das Waffenarsenal war, der Ort, an dem das Handwerkszeug meines neuen Gewerbes aufbewahrt wurde. M-60 (Kaliber 7,62 mm/ .30-06), Maschinengewehre. Er zeigte mir auch, wie die Waffen gereinigt werden. Dann nahm er mich mit zum Hubschrauber und zeigte mir, wie die Gewehre in Position gebracht und geladen werden, und klärte mich über meine weiteren Verantwortlichkeiten zu Boden und in der Luft auf. Dann meinte er: »Heute Nachmittag fliegen wir eine einfache kleine Tour. Wir holen die Post ab und bringen ein paar Leute auf Urlaub nach Tan San Nhut Bien.«

Sobald wir abhoben, bestand meine Aufgabe darin, Obacht zu geben, ob die Luft auf der linken Seite rein war, und dem Piloten Bescheid zu sagen, wenn sich ein Flieger näherte. Ich hatte keine Ahnung, was ich da eigentlich tat. Ich hatte keinen blassen Schimmer. Ich kapierte nicht, dass ich erschossen werden konnte. Ich hatte nicht die leiseste Ahnung, was ich da eigentlich tat – ich wusste nur, dass ich Angst hatte und durcheinander war und dass beides nicht hätte sein dürfen. Da ich nicht in der Lage war, wirklich etwas zu fühlen, verfiel ich in einen Zustand der Fühllosigkeit oder besser gesagt, in einen emotionalen, spirituellen, psychischen Schockzustand.

An jenem ersten Tag wollten wir einfach nur die Post abholen, doch wir wurden in Kampfhandlungen verwickelt. An diesem ersten Tag, an dem ich im Hubschrauber flog, gerieten wir in schwerste Gefechte. Ich war verwirrt und völlig verstört. Zum ersten Mal in meinem Leben sah ich eine größere Anzahl von Leichen. Tote amerikanische Jungen und tote vietnamesische Jungen. Ich sah und hörte und spürte die Verwundeten. Ich sah, wie einer unserer Hubschrauber unter dem Bauch eines anderen Hubschraubers davongetragen wurde. Der nicht mehr flugfähige Hubschrauber wurde auf einem provisorischen Landeplatz im Dschungel abgesetzt, und ein Tankwagen voll Wasser erschien aus dem Nichts, und aus dem kletterten Leute und spritzten die Hubschrauberkabine aus, denn sie war voller Blut, war geradezu blutrot ausgemalt. Während sich diese Szenen um mich herum abspielten, hoben wir erneut ab und flogen in die nächtliche Schlacht. An diesem ersten Tag wurde ich abgeschossen, und der Hubschrauber war außer Gefecht gesetzt. Wie es im Jargon der Vietnamkämpfer heißt: »Ich verlor meine Kirsche.« Das war meine Einführung in Vietnam. Die nächsten elf Monate verbrachte ich in einem Zustand andauernder Angst und einem fortwährenden Überlebenskampf. Ich war als Infanterist ausgebildet worden, hatte den Umgang mit Handfeuerwaffen und schwerem Geschütz gelernt und eine Grundausbildung in Erster Hilfe erfahren. Aber all das hatte mich nicht auf das vorbereitet, was ich hier vorfand, also reagierte ich, indem ich auf meine Kindheitserfahrungen zurückgriff – ich spielte. Ich spielte Cowboy und Indianer, ich spielte Krieg. Ich spielte ziemlich gut.

Es gab einen Toten und zwei Verwundete. Ich versuchte einfach nur, mich ruhig zu verhalten. Ich hatte entsetzliche Angst, doch ihr durfte ich mich nicht überlassen. Ich wusste nicht, ob ich schießen oder mich ruhig verhalten sollte. Ich beschloss, mich ruhig zu verhalten, weil ich nicht wusste, was ich sonst hätte tun sollen. Sobald du deine Position verraten hast, bist du verletzlich. Es war genauso wie beim Cowboy-und-Indianer-Spielen in den Wäldern, mit dem entscheidenden Unterschied, dass die Kugeln echt waren und Menschen töten konnten.

Die Kampfhandlungen verebbten, und schließlich wurden wir evakuiert. Sie hatten uns nicht früher rausholen können, weil die Gefechte zu heftig gewesen waren.

Während der ganzen Zeit, die wir warten mussten, weinte ich nicht. Ich weinte nicht und ich betete nicht. Ich hörte später eine Menge Menschen, die voller Angst waren, die nach ihrer Mutter oder sonst jemandem riefen. Oder beteten. Aber ich war stolz auf mich. »Ich weine nicht, ich bete nicht. Denn worum sollte ich beten? Wenn es einen Gott gäbe, wie könnte dann das hier geschehen?« Ich betete nicht, ich wandte mich an nichts und niemanden um Hilfe. Ich war stolz auf mich. Heute weiß ich, dass der Drill, die Entmenschlichung, funktioniert hatte.

Ich wurde ein wirklich guter Soldat. Ich war wirklich gut in Vietnam und bekam eine Menge Auszeichnungen und Orden. Ich war gut, sehr gut.

Und ich genoss meinen Job! Nicht etwa so, wie man eine Wanderung in den Bergen genießen mag, doch ich genoss ihn in dem Sinne, dass ich mich nützlich fühlte, ich hatte dort eine Aufgabe. Das ergab Sinn für mich. Man stelle sich das vor: das Chaos des Krieges, der Irrsinn des Krieges – dort fühlte ich mich wohl. Das war mein Leben – dort fühlte ich mich am rechten Ort.

Dieser Junge, siebzehn Jahre alt, zu Tode verängstigt … Fort! Fort! Fort! Zack – in jener ersten Nacht, in der wir abgeschossen wurden – fort! Der Junge hatte keinen Raum dort. Diese Art von Gefühlen hatte keinen Raum dort.

Man kann nicht Gefühle haben und gleichzeitig in einer solchen Situation funktionieren. Und genauso war es bei mir zu Hause gewesen. Im Chaos war ich in meinem Element. So wuchs ich auf, also war es für mich völlig normal. Ich habe hart gearbeitet, sehr hart, um aus dieser Welt des Chaos' herauszukommen. In Krisensituationen funktioniere ich immer noch sehr gut, aber es ist heute ganz anders. Ich muss meine Welt nicht länger nach diesem Vorbild formen, um zu funktionieren.

In Vietnam war ich mir meiner Gefühle nicht bewusst. Der militärische Drill und das soziale und kulturelle Umfeld, in dem ich heranwuchs, hielten mich von meinen Gefühlen getrennt und ließen sie mir nicht bewusst werden. Ich habe nicht für die Demokratie oder irgendwelche Ideale gekämpft, als ich in Vietnam war. Dieser Mythos starb noch während der ersten Wochen. Danach blieb mir nur, der bestmögliche Soldat zu werden, damit ich mir und so vielen jungen Männern wie nur möglich helfen konnte, am Leben zu bleiben. Das wurde Sinn und Zweck meines Handelns.

Ich wurde Mannschaftsführer für den Hubschraubereinsatz. Ich war für Transporthubschrauber zuständig – das waren Hubschrauber, die Soldaten zu Kampfeinsätzen brachten, Verletzte evakuierten, Nachschub heranschafften usw. – und für Kampfhubschrauber – das waren diejenigen, die eingesetzt wurden, um Soldaten am Boden Feuerunterstützung zu geben. Als Mannschaftsführer hatte ich nahezu jeden Tag, den ich in Vietnam war, einen Kampfeinsatz. Unter den Auszeichnungen, die ich erhielt, ist auch die Air Medal. Um sie zu bekommen, muss man fünfundzwanzig Kampfeinsätze fliegen und fünfundzwanzig Gefechtsstunden nachweisen. Ich bekam über fünfundzwanzig Air Medals. Das beläuft sich auf über sechshundertfünfundzwanzig Gefechtsstunden und Kampfeinsätze. Bei all diesen Einsätzen wurden Menschen getötet, aber ich betrachtete sie nicht als Menschen.

Ich begegnete dem vietnamesischen Volk nur auf eine einzige Weise: Ich betrachtete es als meinen Feind. Jeden Einzelnen von ihnen: Ladenbesitzer, Bauern, Kinder, Babys, Frauen, Friseure. Einmal wurden wir außerhalb eines Dorfes im Mekong-Delta abgeschossen. Aus irgendeinem Grund machte ich mich zusammen mit sechs weiteren Soldaten auf den Weg in dieses Dorf. Es war eine Gegend, in der es viele feindliche Attacken gab, aber jenes Dorf sollte friedfertig sein. Als wir das Dorf erreichten, gingen wir an drei oder vier Männern vorüber, die Mönche zu sein schienen: Sie hatten kahlgeschorene Schädel und trugen safrangelbe Roben. Als sie etwa dreißig, vierzig Meter hinter uns waren, drehten sie sich um und eröffneten das Feuer mit AK 47 Sturmgewehren. Von meinen Kameraden wurden drei getötet und zwei verwundet. Getötet und verwundet von Mönchen. Waren es wirklich Mönche gewesen? Ich weiß es nicht. Für uns sahen sie wie Mönche aus. Also waren auch Mönche unsere Feinde.

Ein andermal wurden wir von einem Dorf aus mit automatischen Waffen beschossen. Die Einheit bat uns um Verstärkung. Wir flogen mit zwei schwer bewaffneten Kampfhubschraubern hin und hatten den Befehl, das gesamte Dorf zu zerstören. Und genau das taten wir. Wir haben alles zerstört. Da gab es nichts, das nicht der Feind war. Das Töten war völliger Irrsinn. Wir haben alles getötet, was sich bewegte: Männer, Frauen, Kinder, Wasserbüffel, Hunde, Hühner. Ohne jedwedes Gefühl, ohne jeden Gedanken. Schlicht aus Irrsinn. Wir haben alles dem Erdboden gleichgemacht: Häuser, Bäume, Karren, Körbe, alles. Als wir fertig waren, ließen wir nichts als Leichen, Feuer und Rauch zurück. Es war alles wie in einem Traum, es schien nicht wirklich. Doch alles, was ich tat, geschah in Wirklichkeit – ich bemerkte es nur nicht. Der militärische Drill, dem ich mich unterworfen hatte, erwies sich als sehr wirkungsvoll. Doch er hatte seinen Preis.

Meine Aufgabe bestand darin, Menschen zu töten. Als ich das erste Mal verwundet wurde, war ich bereits unmittelbar für den Tod von mehreren Hundert Menschen verantwortlich. Heute noch, jeden Tag, sehe ich ihre Gesichter vor mir.

Mein Töten war das Ergebnis der Erziehung und Ausbildung, die ich zu Hause, in der Schule, auf dem Sportplatz und in der Armee genossen hatte. Mit Ausnahme einiger speziell militärischer Aspekte dieses Szenarios teilen wir alle, die wir in dieser Gesellschaft und in dieser Kultur aufgewachsen sind, dieselben Erfahrungen. Darin liegt die Saat des Krieges. Diese Saat liegt in der Entmenschlichung anderer Menschen, die wiederum ihre Ursache in der Entmenschlichung unserer selbst hat. Was hat mir größeren Schaden zugefügt? Die Tatsache, dass ich einen Feind getötet habe, der versucht hatte, mich zu töten? Oder die Tatsache, dass mein Ausbilder mich angepinkelt hat? Oder dass mein Vater mich grün und blau geschlagen hat und ich von Kopf bis Fuß blutete (das alles unter dem Deckmäntelchen der Liebe). Ich weiß die Antwort nicht. Aber ich glaube, dass all diese Dinge gleich viel wiegen, was ihre Wirkung auf uns anbelangt – die unmittelbare und tiefgreifende Wirkung.

Der andere Krieg

Als ich, zurück in den Vereinigten Staaten, aus dem Krankenhaus kam, in dem ich neun Monate verbringen musste, sah ich mich nicht in der Lage, unter Menschen zu sein und mich wieder in mein soziales und kulturelles Umfeld einzufügen. Zum einen, weil ich mich so anders fühlte; zum anderen, weil die Menschen zu Hause kein Interesse daran zeigten, mich oder andere Soldaten wieder zu integrieren. Wir wurden emotional, psychisch und sogar physisch auf Distanz gehalten. Wir wurden ganz klar an den Rand gedrängt. Ich verstand das, ich konnte es spüren und schmecken, aber ich wusste nicht, wie ich damit umgehen sollte. Zu jener Zeit war der Krieg in meinen Gedanken allgegenwärtig. Alles, womit ich in Berührung kam, erinnerte mich an den Krieg. Ich konnte nicht mehr schlafen. Wenn ich versuchte, mit anderen Menschen darüber zu sprechen, sagten sie bloß: »Der Krieg ist vorbei – vergiss ihn. Leb dein Leben und blick in die Zukunft. Es ist vorbei. Du hast überlebt.« Doch das konnte ich nicht. Also fing ich an, Drogen zu nehmen, um meine Einsamkeit oder die Zurückweisung, die ich erfuhr, zu kaschieren; um die Erinnerungen abzumildern, um den Geräuschen, den Gesichtern, den Gerüchen zu entgehen, die an mir hingen wie Stinktiersekret in heißer, verpesteter Nachtluft.

Als ich aus Vietnam zurück und aus dem Militärkrankenhaus entlassen worden war, wollte ich wieder so sein, wie ich vorher gewesen war. Ich wollte wieder siebzehn Jahre alt sein und ein ganz normales Leben führen. Das war unmöglich. Ich fügte mich nicht länger ein. Es gab keinen Platz für mich in der Gesellschaft. Ich war zu einem Killer ausgebildet worden, und man hatte mich nie darin unterstützt, etwas anderes als ein Killer zu werden. Nun war ich einfach freigesetzt, mir selbst überlassen.

Während meines Krankenhausaufenthaltes hatte ich Genesungsurlaub und kehrte in meine Heimatstadt zurück. Mein Oberkörper war in Gips. Zu Hause besuchte ich ein Footballspiel. Ich stand in der Nähe des einen Tores und verfolgte das Spiel, und plötzlich warf jemand einen Knallfrosch. Ich warf mich instinktiv zu Boden. Die Leute um mich herum lachten. Ich mühte mich, wieder auf die Füße zu kommen, was nicht so einfach war wegen des Gipsverbandes. Schließlich gelang es mir, und ich lief voller Panik und Beschämung davon. Es war das Lachen – das Gelächter war schmerzhafter als die Kugeln. Und ich lief und lief und lief; ich versuchte, vor meinen Gefühlen davonzulaufen, mich in Sicherheit zu bringen. Erst im Jahre 1983 hielt ich in meinem Laufen inne.

Mein Laufen nahm viele verschiedene Formen an. Ich lief, indem ich Drogen nahm; ich lief, indem ich Alkohol trank; ich lief, indem ich Zigaretten rauchte; ich lief, indem ich Sex hatte; ich lief, indem ich von einem Ort in den nächsten zog. Ich blieb nie länger als sechs Monate an ein und demselben Ort, denn ich konnte es nicht ertragen, dass mir jemand nahe kam, mich kennen lernte. Denn würde man mich kennen, würde man mich verabscheuen. Die Botschaft war klar – ich empfing sie tagtäglich: Weil ich Soldat in Vietnam gewesen war, war ich nichts wert.

Als ich nach meiner Entlassung aus dem Krankenhaus auf dem Weg nach Hause war, musste ich auf dem Flughafen von Newark, New Jersey, umsteigen. Ich war neunzehn Jahre alt, ein hochdekorierter Soldat. Ich verspürte so etwas wie Stolz, ich wollte stolz sein. Ich glaubte an die amerikanische Propaganda, die Kriegsfilme – wenn ich als Kriegsheld heimkehrte, würden die Menschen mich lieben, Jobangebote würden mich erwarten, die Frauen würden verrückt nach mir sein. Als ich durch das Flughafengebäude ging in meiner Uniform, mit all den Orden, näherte sich mir eine junge Frau. Ich dachte, sie wolle mir danken oder mir sagen, wie sehr sie mich schätze. Ich dachte, dass sie die Arme um mich schlingen und mich innig küssen werde – so hatte ich es in vielen Kriegsfilmen gesehen, und ich war sehr aufgeregt. Doch als sie ganz nahe war, spuckte sie mich an. Das hat mich tiefer getroffen als jeder Messerstich. Und ich bin sicher, dass sie ihr Tun für gerechtfertigt hielt. Ich bin sicher, dass sie das, was sie tat, für richtig hielt. Auch in einer solchen Tat liegt die Saat des Krieges. Ich weiß nicht, warum ich nicht gewalttätig auf sie reagierte, warum ich sie nicht auf der Stelle tötete. Ich denke, es war auf meine Verwirrung insgesamt zurückzuführen. Stattdessen ging ich in die nächste Bar und betrank mich. Ich blieb bis 1983 betrunken.

Nach dem Krieg machte ich einen weiteren Krieg durch, und zwar als Überlebender des Traumas. Ich sonderte mich mehr und mehr von anderen Menschen ab, nahm mehr und mehr Drogen und lebte mehr und mehr am Rande der Gesellschaft.

Ich suchte immer außerhalb meiner selbst nach Rettung, nach irgendeiner Antwort. Wenn ich nur die richtige Zusammensetzung von Drogen herausbekam, würden die Gefühle weggehen. Wenn ich nur den richtigen Job fand, wäre alles in Ordnung. Ich musste von anderen angenommen, für wert befunden werden.

Als ich aus dem Krieg heimkehrte, ging ich zunächst auf das Slippery Rock State College in Pennsylvania. Zu jener Zeit entdeckte ich die Frauen und hatte viele Beziehungen, von denen keine andauerte. Ich weiß nicht mehr, ob ich überhaupt den Wunsch nach einer längerfristigen Beziehung hatte, doch bei jeder neuen Begegnung dachte ich: Das ist nun die Eine. Doch bei dem, was ich zunächst für eine machtvolle Verbindung hielt, war letztlich nur die physische Vereinigung entscheidend. Kaum hatten wir Sex, kehrte die Fühllosigkeit zurück, und ich verließ die Frau und suchte die nächste »Liebe«. Einige Zeit war ich mit einer katholischen jungen Frau zusammen. Eines Tages erzählte sie mir, dass sie schwanger sei. Ich wollte nicht wirklich heiraten, doch ich wollte das Kind. Ich glaubte, dieses Kind könne irgendwie meine Rettung, meine Erlösung sein. Hätte ich erst ein Kind, so würde das meinem Leben einen Sinn geben, einem Leben, das ansonsten bar jeden Sinnes, bar jeder Gefühle, bar jeder Vertrautheit und Nähe war. Wir heirateten und hatten einen Sohn. Doch so sehr ich auch geglaubt hatte, dass ich wollte, was ich nun hatte, dass dies meine Rettung sei, so sehr täuschte ich mich. Drei Jahre später verließ ich meinen Sohn und seine Mutter.

Als mein Sohn noch klein war, schlief er in seiner Korbwiege bei seiner Mutter und mir im Zimmer. Es regte mich immer furchtbar auf, wenn mein Sohn weinte; ich musste dann das Haus verlassen oder zu Drogen greifen; ich musste irgendetwas tun, um dem wilden Aufruhr, in den ich geriet, zu entkommen. Ich musste weg davon. Ich verstand nicht, warum das so war – es war mir nicht klar. Ich dachte, ich sei verrückt, irrsinnig, mit mir stimme etwas nicht. Wann immer mein Sohn in seinem Bettchen lag und weinte, verspürte ich einen ungeheuren Drang, wegzulaufen, aus dem Haus zu rennen. Oder ich flüchtete eben auf andere Weise aus der Situation: Ich trank, ich nahm Drogen. Egal was, Hauptsache, ich konnte der Wirklichkeit einer Erfahrung entrinnen, die jenseits meines Begriffsvermögens lag. Heute begreife ich es: Weinen, bei mir oder anderen, versetzte mich in schreckliche Angst, war mir unerträglich. Unglücklichsein war verboten.

Nach meiner Rückkehr aus dem Krieg wurde ich gebeten, mich der Friedensbewegung anzuschließen, und das tat ich. Doch ich machte klar, dass ich kein Pazifist war. Ich schloss mich der Friedensbewegung an, weil ich wollte, dass der Krieg beendet wurde, denn er wurde nicht ordentlich geführt. Wenn wir in Vietnam waren, dann sollten wir kämpfen, um zu gewinnen. Wenn wir nicht kämpften, um zu gewinnen, dann sollten wir nicht dort sein. Das war 1968/69 meine Einstellung.

In meinen Augen war die damalige Friedensbewegung außerdem eine Kriegsbewegung – sie war gewalttätig und hässlich. Wir Vietnam-Veteranen stellten eine geschätzte Bereicherung für die Bewegung dar und waren zugleich doch verzichtbar. Wenn wir ihren Zwecken dienen konnten, wollten sie uns dabei haben, doch wenn es um unsere Heilung ging, boten sie uns keinerlei Unterstützung an.

1969 oder 1970 traf ich mich mit anderen Vietnam-Veteranen in Washington, D. C., wo wir uns mit Handschellen an den Zaun rings um das Weiße Haus anketteten. Die Auszeichnungen, die wir für unseren Vietnameinsatz bekommen hatten, warfen wir über den Zaun. Die Polizei erschien und verprügelte uns. Das ist der Irrsinn des Krieges, der Gewalt. Das waren die Menschen, für die ich gekämpft hatte. Das waren die Menschen, für die ich mein Leben aufs Spiel gesetzt hatte, um deren Demokratie zu verteidigen.

Ich glaube, am Slippery Rock State College in Pennsylvania war ich zu jener Zeit der einzige Kriegsveteran dort. Es war kurz nach dem Massaker von My Lai. Ich hatte einen Kurs in Politikwissenschaft belegt. Es entspann sich eine Diskussion über das Massaker und die entsetzlichen Gräuel, die amerikanische Soldaten begangen hatten. Der selbstgerechte Tenor lautete, dass Leutnant Calley, der für diesen Trupp Soldaten verantwortlich gewesen war, zur Rechenschaft gezogen und mit dem Tode bestraft werden solle. Es waren Studentinnen und Studenten, die zu den Friedensaktivisten am College zählten, nicht etwa Soldaten, die diese Forderung äußerten.

Ich erhob mich und sagte: »Wenn dieser Leutnant ein Kriegsverbrecher ist, was ist dann mit Harry Truman? Er hat Hunderttausende von japanischen Zivilisten getötet, indem er zwei Bomben geworfen hat.« Aber darüber wollten sie nicht sprechen. Sie meinten nur: »Wer bist du schon, dass du so redest? Du verstehst die Natur des Krieges nicht.« An diesem Punkt gab ich mich als Vietnam-Veteran zu erkennen, kriegsversehrt, mehrfach verwundet, noch vor meinem zwanzigsten Geburtstag. An diesem Punkt sagte ich: »Ihr seid diejenigen, die die Natur des Krieges nicht verstehen. Ihr versteht nicht, womit Soldaten Tag für Tag konfrontiert werden, nur um euer Recht zu verteidigen, das zu tun, was ihr gerade tut. Ihr begreift nichts.« Ich war außer mir vor Rage. Rage ist keine echte Wut. Rage ist ein riesiges Pulverfass nicht bewältigter Gefühle. Rage setzt sich aus tief sitzenden Gefühlen von Traurigkeit und Machtlosigkeit, von Verzweiflung und Abgewiesensein zusammen. Doch von all dem wusste ich nichts; ich konnte diese Gefühle nur in Form von Rage ausdrücken. Das Nächste, an das ich mich erinnere: Ich werde von der Polizei mit vorgehaltener Pistole abgeführt. Vom Zeitpunkt meiner Rückkehr aus Vietnam bis etwa einen Monat, bevor ich in eine Rehabilitationsklinik für Drogenabhängige ging, trug ich eine Waffe bei mir. Ohne Waffe fühlte ich mich nicht sicher. Ich schlief damit, ich aß damit, ich ging damit zur Schule, ich hatte eine in meinem Wagen liegen. Mein Sicherheitsgefühl hing von dieser Waffe ab. Mein Sicherheitsgefühl hing von etwas außerhalb meiner selbst ab. Zu jener Zeit verfügte ich noch nicht über die Einsicht, dass Schutz und Geborgenheit nicht davon abhängen, die Welt zu beherrschen, so dass sie meiner Vorstellung von dem, wie sie zu sein hat, entspricht. Ich wusste nichts von der Zweiten Edlen Wahrheit des Buddha zu den Ursachen des Leidens: Selbstsüchtiges Verlangen, Gier und Unwissenheit. Die äußere Welt beherrschen zu wollen, so dass sie meinen Vorstellungen von dem, wie sie zu sein hat, entspricht, ist Selbstsüchtiges Verlangen, Gier und Unwissenheit. Ich wusste nur das, was meine Familie und die Gesellschaft mir vermittelt hatten. Die Lösung für eine unangenehme Situation bestand darin, die Welt so zu formen, wie ich sie haben wollte. Wenn ich die Waffe habe, bin ich am Drücker und kann die ganze Welt dazu bewegen, sich mir zu fügen. Heute weiß ich, dass Schutz und Geborgenheit einzig aus der Einsicht stammen können, dass ich die Welt nicht nach meinen Vorstellungen formen kann; ich muss lernen, in Einklang mit dem Leben, wie es ist, zu leben.

Eines Nachts im Jahre 1978 saß ich auf den Eingangsstufen zu meinem Haus mit einer ungeladenen Waffe unter dem Kinn und zog den Abzug durch – klick, klick, klick – und tobte und weinte, weil der Schmerz mich überwältigte. Ich wollte nichts als sterben. Nein, ich wollte nicht wirklich sterben; ich wusste nur nicht, wie ich mit all dem leben sollte. Ich suchte außerhalb meiner selbst nach etwas, das mir helfen könnte, das mich wieder in Ordnung bringen würde, das mich genesen lassen würde. Aber nichts funktionierte.

Oftmals habe ich gedacht, dass die jungen Männer, die in Vietnam starben, das bessere Los gezogen haben. Diejenigen von uns, die nicht gestorben sind, die mit dem Trauma und der Wirklichkeit dieser Erfahrung leben müssen, zahlen tagtäglich den Preis. Wir sind die Sündenböcke einer ganzen Nation, einer ganzen Kultur, die die Verantwortung für ihre Entscheidungen, für ihre Taten nicht übernehmen will.

Krieg beginnt nicht mit einer Kriegserklärung. Krieg endet auch nicht mit einem Waffenstillstand. Die Saat des Krieges wird fortwährend gesät, und die Ernte endet nie. Ich habe Krieg erlebt, bevor ich in den Krieg zog: in meiner Familie, im Krieg und im Krieg nach dem Krieg.

1985 ging ich nach Washington, D. C., um mir das Denkmal für den Vietnamkrieg anzusehen: eine schwarze Steinwand mit den eingravierten Namen der 57 263 Amerikanerinnen und Amerikaner, die in Vietnam gestorben sind. Bis heute ist die Anzahl der Amerikaner, die in Vietnam ums Leben kamen, auf 58 206 gestiegen. Ich bin 1968 aus Vietnam heimgekehrt. Ich habe bis 1985 gebraucht, um hinzugehen und mir diese Namen anzusehen. Das amerikanische Engagement in Vietnam endete offiziell im Jahre 1975. Von 1975 bis heute haben sich einer Schätzung zufolge über 100 000 amerikanische Männer und Frauen, die in Vietnam eingesetzt waren, das Leben genommen. Zwischen vierzig und sechzig Prozent aller Obdachlosen in den Vereinigten Staaten sind Vietnam-Veteranen. Vietnam-Veteranen haben eine Scheidungsrate, die beträchtlich höher ist als der landesweite Durchschnitt. Wie ich haben viele Veteraninnen und Veteranen die Fähigkeit zur Nähe verloren. Der Krieg ist nicht zu Ende. Er endet niemals. Meine Beteiligung an jenem Krieg hat mich in vielerlei Hinsicht gezeichnet. Sie hat meinen Körper gezeichnet, sie hat mein Herz gezeichnet, sie hat meine Seele gezeichnet. Die Wirklichkeit jenes Krieges begleitet mich tagtäglich. Sie geht nicht vorüber. Es hat keinen Sinn zu versuchen, das zu verbergen, denn der Krieg geht nicht vorüber.

Vietnam war der erste Krieg, nach dessen Ende die Gesellschaft den Schmerz und das Leid der Soldaten nicht unter den Teppich des Heldentums und der Lobhudelei kehren konnte. Die Niederlage und die Beschämung jenes Krieges haben uns ermöglicht, die Niederlage und die Beschämung eines jeden Krieges und jeglicher Gewalttätigkeit wahrhaftiger zu erkennen, aber Vietnam-Veteranen haben einen hohen Preis für diese Wahrheit bezahlt.

Die Umarmung von Familie und Freunden und die Feierlichkeit der Konfettiparaden können auf den ersten Blick viel Elend und Grausamkeit aufwiegen. Doch nachdem ich mehr und mehr mit Menschen aus der Generation meines Vaters zu tun hatte, habe ich entdeckt, wie viele Veteranen des Zweiten Weltkriegs ihr gesamtes Leben von ihrer Familie getrennt in einem Zustand stiller Verzweiflung verbringen. Sie verbringen Stunden um Stunden allein in der Garage oder im Souterrain. Viele von ihnen, wie mein Vater und die Männer aus meiner Kindheit und Jugend, versuchen die Schuld, die Scham, die Verstörung, die Angst, den Zorn, die Gefühle oder den Mangel an Gefühlen, die die Wirklichkeit des Krieges ausmachen, in Alkohol zu ertränken.

Das Militär lehrt uns, das Menschsein zu leugnen. Vieles in unserer Gesellschaft lehrt uns, das Menschsein zu leugnen. Und sobald wir das Menschsein leugnen, sobald uns dies zur Gewohnheit wird, lässt es sich nur schwer wieder ändern. Wenn wir unser Menschsein leugnen, verlieren wir unsere Menschlichkeit. Das geschieht nicht nur beim Militär. Es geschieht durch das Fernsehen, durchs Kino, durch Zeitschriften; es geschieht auf der Straße; es geschieht in Geschäften und am Arbeitsplatz. Auch Menschen, die nicht beim Militär gewesen sind, können ähnliche Muster entwickeln. Man denke an Menschen, die Schulkinder auf dem Pausenhof erschießen oder andere auf der Straße zu Tode prügeln, weil sie zum Beispiel schwul sind. Schon das Anschreien eines anderen in einer Warteschlange zählt dazu – wir tun es aus Ungeduld, die aus unseren Gefühlen des Unbehagens resultiert. In vielen Situationen erleben wir, wie unser Menschsein geleugnet wird und wir das der anderen leugnen.

Der Krieg in Vietnam, der erste, zweite und dritte Golfkrieg, der Krieg im Kosovo, der Krieg in den Straßen von Los Angeles, der Krieg in den Straßen von Hartford oder Denver oder Cleveland oder jeder sonstigen Stadt, der Krieg, der in jedem einzelnen Zuhause stattfindet ... Was bildet die Saat dieser Kriege?

Vietnam ist nur eine Erscheinungsform der Saat des Krieges, die in jedem Einzelnen von uns ihren Anfang nimmt. Wir alle besitzen sie. Und nicht nur die Männer. Männer wie Frauen. Wir alle tragen die Saat der Gewalt, die Saat des Krieges in uns.

1983 suchte ich eine Rehabilitationsklinik für Drogenabhängige auf, und es gelang mir, meinen Drogen- und Alkoholmissbrauch zu beenden. Ich hatte während all der Jahre immer die Vorstellung gehabt, dass Leben noch etwas anderes sein könnte als das Leben, das ich führte, aber ich wusste nicht, wie ich dahin kommen könnte. Als ich wieder einmal sehr verzweifelt war, sagte man mir, dass mein Hauptproblem Alkohol und Drogen seien und ich damit aufhören müsse, um überhaupt die Chance zu haben, ein anderes Leben zu führen.

Nachdem ich aufgehört hatte, zu Drogen und Alkohol Zuflucht zu nehmen, den offenkundigen Rauschmitteln, gelang es mir, nach und nach zu erkennen, welche sonstigen Rauschmittel mich davon abhielten, die Natur meines Selbst zu betrachten. Und diese Rauschmittel verbannte ich ebenfalls aus meinem Leben. Ich verzichtete auf Coffein, ich verzichtete auf Nikotin, ich verzichtete auf weißen Zucker, ich verzichtete auf Fleisch, ich flüchtete nicht mehr von einer Beziehung in die nächste und übernächste. Nachdem ich den Entschluss gefasst hatte, mich selbst zu heilen, kehrte ich mehr und mehr zu mir selbst zurück, auch wenn ich nicht verstand (zumindest intellektuell), was ich da eigentlich genau tat.

1990 war es mir unmöglich geworden, die Wirklichkeit meiner Vietnam-Erfahrung länger zu leugnen. Die Wirklichkeit von Vietnam existierte nicht nur in meinem Kopf – sie durchdrang mein ganzes Wesen. Ich hatte über Vietnam diskutiert, aber die Wirklichkeit dieser Erfahrung hatte ich nie wahrhaft betrachtet. Der Schmerz wurde so groß, dass ich nur noch vor ihm flüchten, mich vor ihm verbergen wollte. Mein erster Gedanke war natürlich: Ich brauche was zu trinken, muss mich betrinken. Wenn ich Alkohol trinke, wird der Schmerz wie mit einer Decke zugedeckt. Doch unter der Decke, in mir, ist alles voller Stacheldraht; jedes Mal, wenn ich mich bewege, schneide ich mich, reiße ich mir die Haut auf. Wenn ich trinke, habe ich die Illusion, dass ein Puffer zwischen mir und dem Stacheldraht ist, aber das entspricht nicht der Wahrheit – weil ich betäubt bin, bin ich mir der Schnitte und Risse bloß nicht so bewusst.

Diesmal trank ich nicht. Stattdessen landete ich in einem buddhistischen Retreat für Vietnam-Veteranen bei dem Zen-Meister Thich Nhat Hanh.

Kapitel 2 Die Flamme der Kerze

Stellen Sie sich eine brennende Kerze vor. Die Flamme am oberen Ende der Kerze ist hell und heiß; sie ist der Teil der Kerze, der Licht in die Finsternis bringt. Dieses Bild hat mich gestärkt, als ich durch die Finsternis meines Lebens wanderte, den unumgänglichen Pfad, um zu erwachen, um eine Kehrtwende zu machen.

Im Jahre 1990 hatte ich sieben Jahre lang ohne Alkohol und Drogen gelebt. Es gab immer weniger Orte, an denen ich mich vor der Wirklichkeit meiner Vietnam-Erfahrungen verbergen konnte. All die Gefühle, die ich bis dahin unterdrückt hatte, kamen nun allmählich an die Oberfläche. Ich konnte ihnen nicht länger Widerstand leisten; ich konnte sie nicht länger von mir schieben.

Zu dieser Zeit lebte ich in Concord, Massachusetts, und erfuhr von einer Sozialarbeiterin, einer wunderbaren, großzügigen Frau, Rat und Unterstützung. Als ich an einen Punkt gelangte, an dem ich von meinen Emotionen völlig überwältigt wurde und nur noch sterben wollte, stand sie mir bei und hielt mich in spiritueller Hinsicht. Ich war im Gefängnis meiner selbst gefangen. Ich litt solche Qualen, dass ich den Schutzraum meines Zuhauses weder verlassen konnte noch wollte. Ich fühlte mich wie unter Belagerung, eingebunkert. Ich war in Schuld und Reue, Angst und Beklemmung gefangen. Die Sozialarbeiterin rief mich immer wieder an und bat mich freundlich, aber beharrlich, zu ihr ins Büro zu kommen. Sie ließ den Faden zur Wirklichkeit nicht abreißen, der mir bestätigte, dass ich nicht völlig verrückt geworden war, dass ich vielleicht zum ersten Mal im Leben mit den emotionalen Aspekten meiner Kriegserlebnisse in Berührung kam. Irgendwann erzählte sie mir von einem buddhistischen Mönch, Thich Nhat Hanh, der mit Vietnam-Kriegsveteranen gearbeitet und ihnen geholfen hatte, mehr in Frieden mit sich zu sein. Sie schlug vor, ich solle einige seiner Bücher lesen. Später erzählte sie mir dann, dass er Vietnamese sei. Weil ich entschlossen war, meine Heilung anzugehen, erklärte ich mich einverstanden, seine Bücher zu lesen. Doch dann konnte ich es nicht, denn die Bücher waren von einem Vietnamesen verfasst worden: vom Feind. Jedesmal, wenn ich mir vorstellte, darin zu lesen, kamen mir die Mönche in den Sinn, die das Feuer auf uns eröffnet hatten.

Sechs Monate später gab mir eine Frau aus einer Therapiegruppe, an der ich teilnahm, eine Broschüre über eine Einrichtung, die sich Omega Institute nennt. Es liegt in Rhinebeck, New York, und ist eine Organisation, die Menschen die Begegnung mit einer Vielfalt von spirituellen Lehrerinnen und Lehrern und einer breiten Palette von entsprechenden Angeboten ermöglicht. Eine der Seiten in dieser Broschüre war mit einem Eselsohr versehen. Als ich sie aufschlug, entdeckte ich ein Foto von eben jenem Mönch und las die Ankündigung eines Retreats, das er für Vietnam-Veteranen anbot. Bis zu dem Zeitpunkt hatte ich eine hervorragende Ausrede gehabt, ihn nicht aufsuchen zu müssen, denn er lebte in Frankreich, und ich besaß nicht genügend Geld, um dorthin zu reisen, weil ich nicht arbeiten konnte – ich war arbeitsunfähig. In der Broschüre fand ich zudem einen Hinweis – gelb markiert –, der besagte, dass es für Bedürftige die Möglichkeit eines Stipendiums gebe, deshalb galt meine Ausrede nicht länger. Da ich mir gelobt hatte, alles zu tun, um meine Heilung zu befördern, musste ich den Schritt unternehmen.

Die beiden Frauen, die mir von Thich Nhat Hanh erzählt hatten, kannten einander. Doch keine von beiden wusste, dass die andere denselben Vorschlag gemacht hatte; sie beide hatten dieses Thema unabhängig voneinander angesprochen. Vielleicht ging ich deshalb – denn der Entschluss selbst lief meinem inneren Instinkt entschieden zuwider.
Ich tat diesen Schritt; ich griff zum Telefon, um die Sache mit dem Retreat in die Wege zu leiten. Ich erklärte der Frau am anderen Ende der Leitung, dass ich große Schwierigkeiten hätte, unter Menschen zu sein. Im ganz gewöhnlichen sozialen Umgang empfände ich Unbehagen. Ich sei unruhig und nervös, wenn ich mit anderen Menschen zusammen sei; ich sei am liebsten allein. Ich sagte ihr auch, dass es mir schwer fiele, nachts zu schlafen, eine beschönigende Formulierung für ein ausgesprochen gestörtes Schlafverhalten. Die Leute vom Omega Institute waren unsicher und zögerlich, ob sie mich, einen dieser labilen Vietnam-Veteranen, als Teilnehmer an diesem Retreat akzeptieren sollten. Also riefen sie die Organisatoren an und fragten nach. »Wir schicken niemanden fort«, lautete die Antwort. Diese Leute sprachen im Namen der Vietnamesen, meiner Feinde. Sie sagten: »Wir schicken niemanden fort.« Meine Landsleute, die Menschen, für die ich gekämpft hatte, hatten mich fast immer fortgeschickt. Die Vietnamesen nahmen mich an.

Ich setzte mich auf mein Motorrad und fuhr zu dem Retreat. Zu jener Zeit besaß ich eine schwarze Harley-Davidson. Und ich trug das für mich damals typische Outfit: schwarze Lederjacke, schwarze Stiefel, schwarzer Helm, golden verspiegelte Brille und eine rote Bandanna um den Hals. Meine Kleidung strahlte nicht gerade warme Herzlichkeit aus. Die Art, wie ich mich kleidete, die Art, wie ich mich darstellte, zielte darauf ab, mir die Menschen vom Leib zu halten, denn ich hatte Angst, richtige Angst.

Ich traf früh ein, damit ich den Ort vorher erkunden konnte. Ohne groß darüber nachzudenken, ging ich das ganze Gelände ab: Wo sind die Grenzen? Welche Orte sind gefährlich? Wo biete ich Angreifern ein leichtes Ziel? Wo kann der Feind herkommen? Hierher zu kommen stieß mich ins Unbekannte, und das Unbekannte war für mich Krieg, und mit so vielen Menschen zusammen zu sein, die ich nicht kannte, machte mir schreckliche Angst, und schreckliche Angst war Krieg.

Nach meiner Erkundung ging ich zur Rezeption und fragte, wo der Zeltplatz sei, denn ich wollte mein Zelt nicht dort aufschlagen, wo alle anderen ihre Zelte aufschlugen. Ich hatte viel zuviel Angst in der Nähe so vieler Fremder. Zu jener Zeit war jeder Tag von Angst erfüllt – Angst vor einem Hinterhalt, Angst vor einem Angriff, Angst vor einem jeden Moment ausbrechenden Krieg. Rational wusste ich, dass diese Dinge nicht geschehen würden, aber diese Ängste, wie die Wirklichkeit des Krieges, sind nicht rational.

Ich errichtete mein Zelt im Wald, weit entfernt von den anderen, und da saß ich dann und fragte mich: »Was tue ich hier? Warum bin ich in diesem buddhistischen Retreat bei einem vietnamesischen Mönch? Ich muss völlig den Verstand verloren haben, muss wohl völlig verrückt geworden sein.«

An jenem ersten Abend sprach der Mönch, der das Retreat leitete, zu uns. In dem Augenblick, als er zur Tür hereinkam und ich ihm ins Gesicht sah, begann ich zu weinen. Ich begriff zum ersten Mal, dass ich Vietnamesen einzig als meine Feinde kannte, und dieser Mann hier war nicht mein

Feind. Es war kein bewusster Gedanke; es war eine Erkenntnis, die von irgendwo tief in meinem Inneren herrührte.

Als ich dort saß und diesen vietnamesischen Mann betrachtete, begannen mich die Erinnerungen an den Krieg zu überfluten. An Dinge, an die ich mich nie zuvor erinnert hatte, an Ereignisse, deren Existenz ich vollkommen vergessen hatte. Eine der Erinnerungen, die zurückkehrten, half mir zu verstehen, warum ich Jahre zuvor nicht in der Lage gewesen war, das Weinen meines kleinen Sohnes zu ertragen.

Irgendwann, ich war vielleicht sechs Monate in Vietnam, befanden wir uns in der Nähe eines Dorfes. Wir landeten am Dorfrand und stellten die Motoren unserer Hubschrauber aus. In einer solchen Situation kamen oftmals Kinder angerannt und scharten sich um die Hubschrauber und bettelten um Essen oder boten uns Bananen zum Kauf an oder Ananas oder Coca-Cola oder die sexuellen Dienstleistungen ihrer Mütter und Schwestern. An diesem Tag war es eine besonders große Gruppe von Kindern, vielleicht fünfundzwanzig. Die meisten hatten sich um den Hubschrauber in der Mitte versammelt. Je größer die Gruppe der Kinder wurde, desto gefährlicher wurde die Situation für uns, denn die Vietkong setzten Kinder oft gegen uns ein, also versuchte jemand, sie zu verscheuchen, indem er eine Runde aus einem M-60 Maschinengewehr über ihre Köpfe hinweg feuerte. Die Kinder rannten davon, aber ein Baby blieb auf dem Boden zurück, weinend, keinen Meter von dem Hubschrauber in der Mitte entfernt. Gemeinsam mit drei, vier weiteren Soldaten schickte ich mich an, auf das Baby zuzugehen. Das gebot mir meine Nicht-Kriegs-Konditionierung. Doch im nächsten Augenblick sagte mir mein Instinkt, dass etwas nicht stimmte. Und noch während der Gedanke in meinem Kopf Gestalt annahm, den anderen zuzurufen, sie sollten innehalten, streckte einer von ihnen die Hände aus, nahm das Baby hoch, und es explodierte. Das Baby war mit einer Sprengladung versehen worden, einer Bombe, die drei Soldaten tötete. Ich stürzte zu Boden, von Blut und zerfetzten Körperteilen bedeckt.

Dieses Ereignis war so übermächtig gewesen, dass mein Bewusstsein es weder verarbeiten noch bewahren konnte. Dieses Ereignis blieb bis zum Jahr 1991 verborgen. Doch als ich dort saß und diesen Mönch anschaute, der das Retreat leitete, kam Vietnam zu mir zurück. Die nicht bewältigten, unterdrückten Gedanken, Gefühle, Wahrnehmungen. Ich verstand zum ersten Mal, dass der Krieg mir mein Vermögen, Beziehungen zu knüpfen und zu bewahren, genommen hatte. Wie die Auswirkungen des Krieges mich, wie vor mir auch meinen Vater, daran gehindert hatten, eine innige Beziehung zu meinem Sohn oder auch zu anderen Menschen aufzubauen. Ich war stets vor meinem Unbehagen geflüchtet, hatte meinen Sohn im Stich gelassen, als er drei Jahre alt war. Nicht, weil ich es nicht aushielt, bei ihm und seiner Mutter zu sein, wie es mein Leiden mir einzureden versuchte, sondern weil ich es in meiner Haut nicht aushielt. Ich war unfähig, auf irgendeine herkömmliche Weise zu leben.

In Gegenwart dieses Mönches und seiner Mitarbeiterin Chan Khong, einer Nonne, die auch aus Vietnam stammte, sah ich mich fortwährend mit Kriegserinnerungen konfrontiert. Die Erinnerungen wallten in mir auf, und ich durchlebte all die ursprünglichen Ängste aufs Neue. Einmal beispielsweise standen die Menschen, die an dem Retreat teilnahmen, in einem Kreis beisammen und machten irgendwelche Übungen. Ich mochte mich ihnen nicht anschließen, weil ich mich nicht sicher fühlte. Als Schwester Chan Khong den Kreis verließ, geriet ich in Panik; Verzweiflung überkam mich, weil ich keine Waffe bei mir trug. Ich wurde plötzlich von der Erinnerung daran überwältigt, wie wir in das »friedfertige« Dorf gingen und die Mönche mit ihren Maschinengewehren das Feuer auf uns eröffneten. Und jetzt stand ich hier und beobachtete eine vietnamesische Nonne, die eine Gruppe amerikanischer Veteranen verließ, die allesamt unbewaffnet und verletzbar waren. Ich hatte so entsetzliche Angst, dass ich fürchtete zu explodieren. Wem konnte man vertrauen? Wem?

Bei dem Retreat sagte Thich Nhat Hanh zu uns: »Ihr Veteranen seid die Flamme am Ende der Kerze. Ihr brennt hell und heiß. Ihr besitzt ein tiefes Verständnis von der Natur des Leidens.« Er sagte uns, dass die einzige Möglichkeit, Heilung zu erfahren und das Leiden zu verwandeln, darin bestehe, sich dem Leiden von Angesicht zu Angesicht zu stellen, die einzelnen Facetten des Leidens zu begreifen und zu erkennen, wie es unser gegenwärtiges Leben beeinflusst. Er ermutigte uns, über unsere Erfahrungen zu sprechen, indem er uns versicherte, dass wir es verdient hätten, gehört und verstanden zu werden. Er sagte, wir stellten ein enormes Potenzial dar, Heilung in die Welt zu tragen.

Er erzählte uns auch, dass die Nicht-Veteranen größere Verantwortung für den Krieg trügen als die Veteranen. Dass es wegen der wechselseitigen Verbundenheit aller Dinge keine Möglichkeit gebe, der Verantwortung zu entfliehen. Dass diejenigen, die glaubten, nicht verantwortlich zu sein, die größte Verantwortung trügen. Dass der Lebensstil der Nicht-Veteranen die Institution Krieg unterstütze. Die Nicht-Veteranen, sagte er, müssten sich mit den Veteranen zusammensetzen und zuhören, müssten uns wirklich zuhören, müssten unsere Erfahrungen wirklich anhören. Sie müssten die Gefühle, egal welcher Art, zulassen, die in ihnen aufkommen, wenn sie sich uns widmen, wenn sie mit uns sprechen und uns zuhören – sie dürften dem, was sie in unserer Gegenwart erfahren, nicht ausweichen, dürften dieses Erleben nicht beherrschen wollen, sondern sollten einzig gegenwärtig sein und uns anhören.

Das Retreat dauerte sechs Tage. Mit diesen vietnamesischen Menschen zusammen zu sein eröffnete mir die Möglichkeit, mich dem emotionalen Chaos zu stellen, das meine Vietnam-Erfahrung darstellte. Gegen Ende des Retreats ging ich zu Schwester Chan Khong, um mich zu entschuldigen und um zu versuchen, die Zerstörung und das Töten, an dem ich teilgehabt hatte und für das ich verantwortlich war, irgendwie wieder gutzumachen. Ich brachte es nicht fertig, mich ohne Umschweife zu entschuldigen. Vielleicht besaß ich einfach nicht den Mut. Ich schaffte es einzig zu sagen: »Ich möchte nach Vietnam gehen.« Während des Retreats hatte ich erfahren, dass man uns unterstützen würde, wenn wir, die wir gekämpft hatten, nach Vietnam gehen wollten, um beim Wiederaufbau des Landes zu helfen. Und so bat ich unter Tränen darum, nach Vietnam zu gehen; mehr brachte ich nicht heraus.

Schwester Chan Khong sah mich an, sah meine Tränen und sagte: »Bevor du nach Vietnam gehst, wäre es vielleicht ratsam, du kämst nach Plum Village«, dem spirituellen Zentrum von Thich Nhat Hanh in Frankreich. Sie fuhr fort: »Wenn du im Sommer kommst, sind viele Vietnamesen dort – Flüchtlinge, Boat people –, und du kannst vietnamesische Menschen in einem anderen Zusammenhang kennen lernen. Komm nach Plum Village. Wir helfen dir. Lass dir von uns helfen.« Ich war überwältigt, denn von meinen Landsleuten hatte mir nie jemand ein solches Angebot gemacht – das Angebot, mich darin zu unterstützen, anders zu leben, Frieden zu finden. Auf einer tiefen Ebene begriff ich die Wahrheit und Aufrichtigkeit dieses Angebotes, und die Tatsache, dass dieses Angebot von meinem Feind, den Vietnamesen, gemacht wurde, zählte nicht gering. Ich erwiderte: »Ich würde sehr gern nach Plum Village kommen, aber ich habe kein Geld.« Und sie antwortete: »Mach dir darum keine Sorgen.« Sie bot mir etwas an, das meine Gesellschaft, meine Kultur mir nie angeboten hatte: für mich zu sorgen. Mein Feind! Meine Reisekosten wurden schließlich von den Spenden bestritten, die die Teilnehmer des Retreats aufbrachten, und mein Aufenthalt in Plum Village wurde von der vietnamesischen monastischen wie von der Laiengemeinschaft finanziert. Mein Feind umarmte mich und half mir auf eine Weise, die meinen Landsleuten nie in den Sinn gekommen wäre.

Ich erklärte mich also bereit, das Zentrum in Frankreich aufzusuchen. Unmittelbar nachdem ich zugestimmt hatte, verspürte ich ein Gefühl der Leichtigkeit – als wäre eine schwere Last von mir genommen worden. Ich war aufgeregt und gerührt von der Fürsorglichkeit und der Unterstützung, die ich von der vietnamesischen Gemeinschaft erfuhr. Einige Tage später jedoch wurde ich wieder von Angst überwältigt. In diesem Land hatte niemand je die Hand ausgestreckt, niemand mir je Hilfe angeboten, ohne mich für irgendeinen Zweck einspannen zu wollen. Warum sollte ich darauf vertrauen, dass ausgerechnet mein Feind mir helfen, mich auf diese Weise annehmen wollte? Meine Angst sagte: »Es gibt nur einen einzigen Grund, aus dem sie dich einladen: Sie wollen dir den Prozess machen und dich dann ins Gefängnis stecken oder dich als Kriegsverbrecher zum Tode verurteilen.« Mein Verstand sagte mir: »Das glaube ich nicht.« Doch die Angst saß zu tief, um ihr nicht nachzugeben.

Es gab nur eines: Ich musste die Angst annehmen, sie umarmen; ich musste die Natur dieser Angst tief ergründen und trotzdem aufbrechen. Ich musste nach Frankreich gehen. Ich nahm mir selbst das Versprechen ab, nach Frankreich zu reisen. »Wenn sie mich töten«, dachte ich, »wenn genau das passieren wird, dann werde ich zu guter Letzt vielleicht Frieden finden.«

In jenem ersten Sommer blieb ich sechs Wochen in dem Zentrum im Südwesten Frankreichs. Während dieser Zeit lebte ich mit ungefähr vierhundert Vietnamesinnen und Vietnamesen zusammen. Wohin ich mich auch wandte, tauchten stets neue Erinnerungen auf. Wohin ich mich auch wandte, ich kam mehr und mehr mit der Wirklichkeit des Krieges in Berührung, mit dem Leiden, das ich mit angesehen hatte, mit der Verzweiflung, die ich empfunden hatte, mit dem Trauma, das beide Seiten erfahren hatten. Überall – es war überall.

In Plum Village gab es damals zwei Wohn- und Lebensbereiche: das Lower Hamlet (Unterer Weiler) und das Upper Hamlet (Oberer Weiler). Im Oberen Weiler lebten während der Sommerwochen die westlichen Menschen; der Untere Weiler war fast ausschließlich von Vietnamesen bewohnt. Als ich anreiste, gab es eine Diskussion darüber, wo ich wohnen sollte. Ich ging davon aus, dass ich wahrscheinlich mit der westlichen Gemeinschaft leben würde, aber Schwester Chan Khong entschied: »Nein, du wirst bei den Vietnamesen leben.« Direkt inmitten der vietnamesischen Gemeinschaft zu leben – das konnte ich so nicht. Also suchte ich mir einen Platz im Wald, vielleicht einen halben Kilometer vom Dorf entfernt, und schlug mein Zelt auf. In einem Abstand von zwanzig bis dreißig Metern zog ich um mein Zelt einen Halbkreis aus kleineren Stolperfallen – nicht um jemanden ernstlich zu verletzen, sondern um mich wissen zu lassen, wenn sich jemand näherte und um die Menschen abzuschrecken.

Zehn Tage bevor ich Plum Village verließ, entfernte ich diese Stolperfallen. Ich suchte Schwester Chan Khong auf und erzählte ihr davon. Ich erklärte ihr, dass ich niemanden habe verletzen, sondern mich nur habe schützen wollen. Sie sagte: »Es ist gut, dass du die Stolperfallen hast entfernen können. Doch wenn du es brauchst, sie wieder zu errichten, dann tu das.« Eine derart bedingungslose Annahme hatte ich noch nie zuvor erfahren.

Die vietnamesische Gemeinschaft begegnete mir voller Liebe. Die Menschen dort machten mir nicht den Prozess. Sie boten mir die Gelegenheit, mit ihnen in Achtsamkeit zu leben, tief in die Natur meines Selbst zu blicken und den Prozess der Heilung und Transformation zu beginnen. Das geschah nicht durch bestimmte Worte, sondern einzig durch das Leben inmitten der vietnamesischen Gemeinschaft. Jedes Gesicht, in das ich blickte, brachte eine neue Erinnerung; jedes Kind, das ich ansah, brachte eine neue Erinnerung. Der Geruch von Essen, das zubereitet wurde, brachte eine neue Erinnerung; den Feierlichkeiten und Zeremonien zuzuschauen brachte eine neue Erinnerung. Ich sah junge vietnamesische Frauen in ihren wunderschönen traditionellen Kleidern, und der Lärm des Krieges war mir wieder gegenwärtig: Salven von Schnellfeuerwaffen, Raketen, Explosionen, Schreie; ich vernahm den Geruch von Schießpulver, Blut und Tod; und ich erinnerte mich an all die Angriffe auf Dörfer, die ich erlebt hatte und an denen ich beteiligt gewesen war.

Ich konnte nicht sprechen. Ich hatte keine Worte für das, was ich empfand, ich konnte nicht über meine Erfahrungen sprechen, denn ich glaubte, wenn ich das täte, würden mich die Vietnamesen gewiss hassen – wenn sie wüssten, wer ich war und dass ich als Soldat in Vietnam gewesen war. Erst später fand ich heraus, dass Thich Nhat Hanh und Schwester Chan Khong der vietnamesischen Gemeinschaft bei einem der regelmäßigen Treffen längst erzählt hatten, wer ich war und warum ich dort war. Dieses Wissen schien die Liebe, mit der sie alle mir begegneten, nur noch zu verstärken.

Ich war von Schuldgefühlen völlig überwältigt, und wann immer ich versuchte, mit den Mönchen und Nonnen darüber zu sprechen, sagten sie: »Das Vergangene ist vergangen. Es gibt einzig den gegenwärtigen Augenblick, und der ist schön.« Eines Tages flog eine Mirage der französischen Luftwaffe in sehr niedriger Höhe über die Weiler von Plum Village hinweg. Der Flieger erschien aus heiterem Himmel mit dem unverkennbaren, ohrenbetäubenden Dröhnen eines Kampfflugzeuges, unerwartet und urplötzlich, und ich warf mich von Panik erfüllt zu Boden. Als ich mich umschaute, um zu sehen, was für ein Blutbad er angerichtet hatte, das Nachspiel eines solch unerwarteten, brutalen Angriffs, begriff ich, dass ich aus meiner Kriegserfahrung heraus reagiert hatte. Ich erhob mich, zitternd und unter Tränen. Der Mönch, mit dem ich zusammenarbeitete, fragte mich, ob alles in Ordnung sei. Ich begann mit ihm über meine Gefühle in dem Augenblick zu sprechen, und er begann mit seinem »Das Vergangene ist vergangen, es gibt einzig den gegenwärtigen Augenblick, und der ist schön«-Mantra. Ich wurde wütend auf diesen Mönch; ich war dermaßen wütend, dass ich ihm beinahe mit der Schaufel eins übergebraten hätte. Doch stattdessen schrie ich ihn an: »Das Vergangene ist nicht immer vergangen! Manchmal existiert es im gegenwärtigen Augenblick, und das ist nicht schön, und ich hasse es!« Hinterher sprach ich mit Schwester Chan Khong, und sie erklärte mir, dass es zwar stimme, dass das Vergangene vergangen sei und dass es einzig den gegenwärtigen Augenblick gebe, doch wenn man intensiv im gegenwärtigen Augenblick lebe, seien das Vergangene und das Zukünftige ebenfalls da. Man müsse nur lernen, mit dieser Erfahrung so zu leben wie Wasser, das zur Ruhe kommt. Ihre Worte und dieses Bild haben mir geholfen.

Seit jenem ersten Besuch im Jahre 1991 bin ich oft nach Plum Village zurückgekehrt. 1992 bot Thich Nhat Hanh mir an, die Robe eines Mönches zu tragen. Da ich nicht die Absicht hatte, Mönch zu werden, und mich bei diesem Angebot unbehaglich fühlte, erwiderte ich: »Ich kann kein Mönchsgewand tragen; ich habe kein Interesse daran, buddhistischer Mönch zu werden.« Er sah mich an und lächelte; er legte mir die Hand auf die Schulter und sagte: »Du bist mehr Mönch als ein Mönch.« Und an die Menschen gewandt, die dort saßen, verkündete er, ich sei ein Dao-Meister. Wir verstanden in dem Moment nicht, wie tiefgründig sein Satz gewesen war, sondern glaubten, dass er einen Witz gemacht hatte – also lachten wir.

Wenngleich ich damals glaubte, dass dies meine erste Begegnung mit dem Buddhismus war, hatte ich doch indirekt schon mit dem Zen-Studium begonnen, als ich vierzehn Jahre alt war. Ich erlernte Karate, und zwar eine koreanische Variante namens Hap Ki Do. Da ich in einer Familie aufgewachsen war, die von Gewalt und Chaos beherrscht wurde, hatte ich das Gefühl, nirgends sicher zu sein, es sei denn, ich eignete mir Mittel an, die mich cleverer und stärker als andere machten. Sicherlich suchte ich auch Grenzen oder eine sichere Form, um emotional nicht so außer Kontrolle zu geraten.

Im Alter von sechzehn Jahren wurde ich von meinem damaligen Lehrer eingeladen, neun Monate lang wie ein Mönch mit ihm zu leben, und wenngleich ich in Zen-Praxis eingeführt wurde, war es eine Praxis, die nicht auf den Lehren des Buddha gründete. Bei diesem Training, das verschiedene meditative Techniken einschloss, entwickelte ich tiefe Konzentration und kam in Kontakt mit der Macht, die

Dharma ist; doch Dharma, das nicht von den Lehren des Buddha gestützt ist, ist gefährlich. Später studierte ich noch eine weitere Tradition, diesmal chinesischer Herkunft, und bis 1989 war ich nicht nur ein eifriger Schüler dieser alten Künste, sondern ich unterrichtete sie auch. Zu jener Zeit war ich seit siebenundzwanzig Jahren mit Karate befasst, als Schüler wie später auch als Lehrer. Ich hatte fünf Karateschulen und bis zu fünfhundert Schüler. Eines Tages begriff ich mitten im Unterricht, was ich da eigentlich tat: Ich wässerte die Saat der Gewalt. Ich lehrte, zu kämpfen und zu töten, und ich begriff, dass ich so nicht weitermachen konnte. Also hörte ich damit auf.

Indem ich innehielt und zur Ruhe gelangte, konnte die den Kampfkünsten innewohnende Gewalt transformiert werden. Sichtbar wurde das für mich, als ich das Gewand des Kampfkünstlers schließlich durch die Robe des Mönches ersetzte. Ich erkannte diesen Übergang nicht auf Anhieb, sondern erst, als Thich Nhat Hanh mich das erste Mal einlud zu sprechen. Er bat mich, bei einem Retreat für Menschen aus helfenden Berufen zu sprechen, das in Plum Village abgehalten wurde. Es war das erste Mal, dass ich öffentlich über Vietnam sprach, über meine Handlungen während des Krieges und die daraus resultierenden Folgen. Es war das erste Mal, dass ich vor einer Gruppe Nicht-Veteranen sprach. Auf diesen ersten Vortrag folgte die Einladung, öfter zu sprechen, und dann folgten Einladungen, Retreats zum Thema Achtsamkeit und Meditation zu leiten. Mit dem ersten Vortrag begann für mich der Pfad der Heilung.

Durch die Meditationspraxis entdeckte ich, dass ich schon lange mit Menschen hatte arbeiten wollen, die von Gewalt und von den vielfältigen Auswirkungen des Krieges betroffen sind. Doch war ich mir nicht sicher, wie ich dem, was ich als Berufung empfand, folgen konnte. Ich wusste nur, dass dieser Ruf wichtig war und dass ich etwas tun musste. Ich wusste, dass die meisten Nicht-Veteranen Veteranen nicht verstanden. Ich wusste, dass die meisten Nicht-Veteranen auf der Welt sich ihrer Verantwortung für einen Krieg ebenso wenig bewusst waren wie der tiefgreifenden Folgen, die ein Krieg auch für *sie* hat. Ich verspürte überdies das dringende Bedürfnis, die Aufmerksamkeit auf die generationenübergreifenden Auswirkungen von Krieg zu lenken und auf das ererbte Leiden. Es sind stets die Nicht-Veteranen, die Krieg gutheißen, die Krieg befördern, die sich im konkreten Fall dafür eingesetzt haben, dass Truppen nach Vietnam geschickt wurden, und es sind die Nicht-Veteranen, die sich oftmals von den heimkehrenden Soldaten abwenden, um ihre eigene Mitwirkung am Krieg unter den Teppich kehren zu können.

Als ich aus Vietnam zurückkehrte, kehrte ich in eine Gesellschaft zurück, die versuchte, sich von der Verantwortung an jenem Krieg reinzuwaschen, indem sie diejenigen ausgrenzte, die gekämpft hatten. Die Botschaft lautete klar und deutlich, dass diejenigen, die in den Krieg gezogen waren, die Verantwortung trugen, und dass diejenigen, die nicht in den Krieg gezogen waren, irgendwie auch von der Verantwortung freigesprochen waren. Doch wenn wir die Sache näher betrachten, erkennen wir, dass wir diejenigen, die nicht kämpfen, nicht von denen trennen können, die kämpfen – wir sind alle für den Krieg verantwortlich. Krieg ist nicht etwas, das uns quasi von außen zustößt; Krieg ist ein Auswuchs unserer selbst, seine Wurzeln liegen in unserer Natur. In unser aller Natur.

Wenn ich anderen Veteranen des Vietnamkrieges begegne oder Veteranen aus dem zweiten Golfkrieg, russischen Veteranen des Krieges in Afghanistan, Veteranen des Bürgerkrieges in Kambodscha, bosnischen Soldaten, kroatischen Soldaten, serbischen Soldaten, Soldaten der UÇK, Soldaten aus allen Kriegen aus allen Zeiten und Ländern, dann höre ich von allen dieselbe Geschichte – sie fühlen sich nicht verstanden und Nicht-Veteranen meiden den Umgang mit ihnen oder belassen es bei möglichst oberflächlichen Kontakten. Ich glaube, dass Nicht-Veteranen aus einem triftigen Grund nicht den Versuch unternehmen, uns zu verstehen: Mit der Wirklichkeit unserer Erfahrungen in Berührung zu kommen würde bedeuten, mit der gleichen Art von Schmerz und Leid in sich selbst in Berührung zu kommen und demzufolge die eigene Verantwortung erkennen zu müssen.

Die Tatsache, dass Krieg uns in die Lage versetzt, Menschen zu töten und Gewalt auszuüben, bedeutet nicht, dass Nicht-Kämpfende dieses Potenzial nicht in sich trügen. Wir können vorgeben, nicht gewalttätig zu sein, doch wann immer wir mit Gewalt konfrontiert werden, verschließen wir die Augen, wir möchten sie ignorieren, wir möchten sie als Gesellschaft insgesamt von uns schieben. Wenn wir diesen Teil in uns selbst nicht berühren, dann sind wir nicht ganz, sind wir nicht im Gleichgewicht. Was besagt das über eine Kultur wie die unsere in den Vereinigten Staaten, die von Gewalt, realer wie inszenierter, genährt wird? Die Gewalt als Medienknüller benutzt? Wenn die Gewalt näher zu Hause stattfindet, so wie bei der Schießerei an der Columbine High School, dann suchen wir die Gründe dafür in den psychischen Störungen der Jugendlichen und ihrer Familien, statt zu begreifen, dass sie nur ein Spiegelbild des größeren zusammenhängenden Ganzen sind, das wir Gesellschaft nennen – ein nicht sehr angenehmes Spiegelbild.

Ein jeder hat sein Vietnam

Alle Gewaltveteranen – ob sie kriegerische Gewalt, Straßengewalt oder häusliche Gewalt ausgeübt haben – sind die Flamme am Ende der Kerze und können eine mächtige Heilkraft in der Welt darstellen. Der Weg zu dieser Heilung führt durch das Leiden – wir müssen unsere Natur tief ergründen, müssen frei über unsere Gefühle sprechen, müssen eine Sprache für unsere Gefühle erschaffen und sie benutzen, um das Schweigen zu brechen, das dazu dient, den Kreislauf von Krieg und Gewalt zu schützen und in Gang zu halten.

Wir glauben vielleicht, es liege größere Sicherheit darin, stumm zu bleiben, die Geschichte unseres Traumas für uns zu behalten, doch darin liegt keine Sicherheit. Nicht die geringste. Wenn wir diese Geschichten oder die wichtigsten Abschnitte daraus für uns behalten, heißt das nicht, dass Menschen nichts von ihnen wissen. Es ist, als ob wir mit einer Decke über dem Kopf mitten in der Wüste stünden und glaubten, nur weil wir rings um uns herum nichts sehen, würde unsere Vorstellungskraft, unsere Einbildung, uns beschützen, würden wir nicht verdursten. Das ist Irrsinn. Eine Form von Selbstzerstörung. Die Verantwortung, den Prozess der Heilung anzugehen, mit dem Erzählen der Geschichten zu beginnen, liegt bei jeder und jedem von uns.

Wir sind die Flamme am Ende der Kerze. Wir besitzen die Fähigkeit, die Finsternis der Verleugnung zu durchbrechen: unsere eigene und die der Gesellschaft. Wir haben zu sprechen, wir müssen sprechen.

Mir ist immer klar gewesen, dass die Geschichte der Gewalt erzählt werden muss. Ich wusste es instinktiv. Es schien jedoch keine Möglichkeit zu geben, sie zu erzählen, und niemand schien Interesse zu haben, sie sich anzuhören. Die

Menschen hörten nicht zu, weil sie nichts erfahren wollten. Sie verfügten nicht über die Bereitschaft und in manchen Fällen nicht über die Fähigkeit zu begreifen, wovon ich sprach. Anfangs begriff ich selbst nicht, wovon ich überhaupt sprach. Ich wusste nur, dass ich von meinen Erfahrungen erzählen musste. Wieder und wieder und wieder. Das trifft auf alle Menschen zu, die ein Trauma erlitten haben. Und wir alle haben das Trauma der Gewalt in unserem Leben erfahren, sei es direkt oder indirekt: eine Freundin oder ein Bekannter ist bei einem Autounfall ums Leben gekommen, Erwachsene erinnern sich, wie sie als Kinder missbraucht wurden, die endlosen Kriegsszenarien, die wir täglich im Fernsehen, in Zeitungen und Zeitschriften verfolgen können, die täglichen Berichte über Bombardierungen, Schießereien und sonstige Kämpfe in Israel und Palästina, Sri Lanka, Kaschmir, in Ruby Ridge, Waco, Oklahoma City sowie die Angriffe am 11. September 2001.

Ein Bekannter von mir bemerkte, dass »Posttraumatische Belastungsstörung« eine sehr triviale Bezeichnung für eine so tiefe Wunde sei, für eine spirituelle Verletzung, die so tiefgreifend und anhaltend ist. Es komme ihm vor wie eine praktische Schublade, in die wir die Erfahrung steckten, um sie handhabbar zu machen. Und weiter meinte er: »Ich frage mich, ob es das ist, was allen unseren Vätern, die aus dem Krieg heimgekommen sind, geschehen ist. Die so viele Stunden allein in ihren Werkstätten verbracht oder sich hinter ihre Zeitungen verkrochen haben, weil sie nicht kommunizieren konnten. Sie konnten keine Nähe herstellen. Die Kriegserfahrung hat ihnen das genommen.«

Genau so hat mein Vater sich verhalten. Oder er traf sich mit anderen Veteranen bei der American Legion, der Veteranenorganisation, wo sie tranken und sich Kriegsgeschichten erzählten. Sie waren gefangen in ihren Geschichten, sie verherrlichten und verklärten ihre Erfahrungen, statt sie als das anzuerkennen, was sie waren. Sie waren nicht in der Lage, sich anders zu verhalten. Sie waren unwillens oder unfähig, ihre Erfahrungen zu hinterfragen, das Phantasiegebilde zu durchbrechen, das wir alle gelernt haben, zu akzeptieren. Die meisten dieser Frauen und Männer, Veteranen des Zweiten Weltkriegs, sind im Kokon des Schweigens gefangen, viele von ihnen bis zum Tode.

Die physischen Wunden des Krieges sind, wiewohl offensichtlich, weniger bedeutsam als die Wunden, die nicht sichtbar sind. Die Wunden der Seele, die psychischen Wunden gehen viel tiefer. Physische Wunden kann man behandeln, man bekommt sie meist in den Griff. Sie sind sichtbar und werden anerkannt. Die Wunden des Geistes, die Wunden der Psyche – sie sind nicht so klar zu erkennen. Beispielsweise heißt es oftmals, Vietnam-Veteranen legten ein asoziales Verhalten an den Tag. Doch es ist kein asoziales Verhalten – es ist einfach so, dass wir nach der Kriegserfahrung nicht mehr in der Lage sind, auf herkömmliche Weise Beziehungen einzugehen. Das ist uns genommen worden.

Doch ich will mich nicht allein auf Vietnam beschränken. Vietnam war ein konkretes Ereignis, der Zweite Weltkrieg war ein konkretes Ereignis, Korea war ein konkretes Ereignis. Missbrauch in der Familie ist ein konkretes Ereignis, auch wenn dieses sich, wie das tragischerweise oft der Fall ist, andauernd wiederholt. All diese Dinge, all dies ist Krieg. Jeder Mensch hat sein eigenes Vietnam. Jede und jeder Einzelne von uns. Auf irgendeiner Ebene, irgendwo erleben wir alle unseren Krieg.

Und jeder von uns kann die Flamme am Ende der Kerze werden. Durch unsere Erfahrung besitzen wir die Fähigkeit, an der Umwandlung der Welt mitzuwirken, die Gewalt, den Hass und die Verzweiflung zu überwinden.

Kapitel 3 Die Glocke der Achtsamkeit

Vor einigen Jahren besuchte ich einen Freund in Paris, und wir fuhren gemeinsam mit der Metro. Es war Abend, und der Zug war sehr voll. Plötzlich spürte ich etwas an meinem Bein und begriff, dass jemand versuchte, seine Hand in meine Hosentasche zu schieben. Instinktiv griff ich nach unten, und mit einer einzigen Bewegung, ohne groß darüber nachzudenken, schnappte ich mir die Hand und riss sie hoch, in der Absicht, dem Mann den Arm zu brechen. Es war eine rein instinktive Reaktion. Doch inmitten der Bewegung hielt ich den Atem an und verharrte. Es geschah im Bruchteil einer Sekunde; ich hielt nicht inne, um darüber nachzusinnen. Ich hielt die Hand fest, sah dem Mann in die Augen und sagte mit lauter Stimme: »He, was fällt dir ein? Was hat deine Hand in meiner Tasche zu suchen? Das geht nicht. Was ist los – brauchst du Hilfe oder was? Kann ich dir helfen? Brauchst du etwas? Wenn du etwas brauchst, dann frag mich.« Der Mann wurde ganz kleinlaut und reumütig; seine Augen wurden groß und sein Gesicht kreidebleich, und am nächsten Bahnhof konnte er gar nicht schnell genug aus dem Zug kommen. Anschließend erzählten mir zwei Leute, dass er sich auch bei ihnen als Taschendieb versucht habe.

Dem Taschendieb den Arm zu brechen wäre keine Lösung gewesen. Es hätte nur noch mehr Leiden erzeugt. Doch wenn sich dieser Vorfall ereignet hätte, kurz nachdem ich aus Vietnam zurückgekehrt war, dann bezweifele ich, dass ich in der Lage gewesen wäre, mich zurückzuhalten. Mein erster Impuls wäre es gewesen, automatisch aus meiner Konditionierung heraus zu handeln, auf Grundlage meiner Ausbildung, so wie ich es den Großteil meines Lebens getan habe. Was hatte mich diesmal veranlasst innezuhalten? Als ich die Hand des Mannes hochriss, wurde diese Handlung mitsamt den sie begleitenden Gedankenfetzen, Gefühlen und Wahrnehmungen zu einer Glocke, die ertönte, einer Glocke der Achtsamkeit.

Thich Nhat Hanh hat mich mit der Übung der Achtsamkeit bekannt gemacht, und als Lebensprinzip hilft sie mir, des Kreislaufs von Destruktivität und Leiden gewahr zu werden und ihn zu verlassen. Achtsamkeit, mit größerer Bewusstheit leben, ist keine neue Idee – sie existiert seit über zweitausendfünfhundert Jahren. Achtsamkeit zu üben ist kein spezifisch buddhistischer Ansatz, obwohl Achtsamkeit explizit als einer der Achtfachen Pfade genannt wird, jener Werkzeuge, die, wenn angewandt, zum Ende des Leidens führen. Achtsamkeit bringt das Herzstück jedweder spirituellen Unterweisung zum Ausdruck, und das Herzstück aller spirituellen Unterweisung ist Achtsamkeit. Achtsamkeit bedeutet schlicht, völlig im gegenwärtigen Augenblick zu sein, hier, jetzt. Es ist die Erkenntnis, dass es nichts als den gegenwärtigen Augenblick gibt.

Es ist so leicht, sich in der Vergangenheit oder in der Zukunft zu verlieren. Genau das ist mir passiert, als ich mich in meinen Kriegserfahrungen verfangen habe. Ich war in den Erinnerungen gefangen, wie die Mönche auf uns schossen, wie das Baby explodierte, wie ein Dorf zerstört wurde. Ich war in der Angst gefangen, dass sich diese Ereignisse wiederholen würden. Ich steckte in einem Zustand fortwährender Wiederaufführungen fest. Ich konnte nicht im gegenwärtigen Augenblick leben, weil ich nicht wusste, wie. Ich konnte bloß vor der Vergangenheit flüchten und mich vor der Zukunft verstecken, indem ich beide zurückwies. Ich war gefangen in einem Zustand der Anhaftung und Zurückweisung, auf den ich willentlich keinen Einfluss hatte. Ich war meinem konditionierten Verständnis, wie ich auf die Welt zu reagieren und mich darin zu bewegen hatte, verhaftet und wies jegliche Information, die sich nicht mit meinen Vorstellungen, meinen anerzogenen Reaktionen deckte, zurück.

Das bewusste Atmen

Eines der Werkzeuge, um im gegenwärtigen Augenblick zu sein, ist das Bewusste Atmen. Einfach atmen und mir bewusst sein, dass ich atme. Wenn ich mir meines Atems vollständig bewusst bin, dann kann ich nirgendwo anders sein als im gegenwärtigen Augenblick.

Sie können das selbst erfahren. Ergreifen Sie die Gelegenheit, setzen Sie sich bequem hin und legen Sie eine Hand auf Ihren Bauch. Während Sie einatmen, spüren Sie, wie sich Ihr Bauch hebt. Während Sie ausatmen, spüren Sie, wie sich Ihr Bauch zusammenzieht. Ein ... aus ... Lenken Sie ihre Aufmerksamkeit von Ihrem Denkprozess zu Ihrem Atem. Seien Sie einfach bei Ihrem Atem. Wenn Ihre Gedanken zu wandern beginnen, betrachten Sie dieses Wandern als eine leise, sanfte Glocke, die erklingt, um Sie wieder zu Ihrem Atem zu führen; kehren Sie einfach zu Ihrem Atem zurück. Mit jedem bewussten Atemzug wissen Sie, dass Sie im gegenwärtigen Augenblick leben, dass Sie Ihre Fähigkeit, in Achtsamkeit zu leben, weiterentwickeln.

Achtsamkeit, eine tiefere Bewusstheit, ist nicht etwas, das wir steuern können, das wir mit unserem denkenden, intellektuellen Selbst erzeugen können. Bewusstheit ist kein Gegenstand, nichts Gegenständliches. Es ist ein Zustand vergegenwärtigten Seins, der sich einstellt, wenn wir uns unserer konditionierten Natur bewusster werden und aufhören zuzulassen, dass diese Konditionierung bestimmt, wie wir reagieren oder auch nicht reagieren. Achtsamkeit bewirkt nicht automatisch, dass mich weniger Gedanken und Erinnerungen bestürmen, aber Achtsamkeit erlaubt mir, in einer harmonischeren Beziehung zu ihnen zu leben, meiner Konditionierung weder verhaftet zu bleiben noch sie zurückzuweisen. Wenn ich nicht erkenne, dass Gedanken nur Gedanken sind, kann ich mich leicht in der Illusion verfangen, dass meine Gedanken Realität sind.

Das ist der Kern der Meditation: Bewusstes Atmen. Indem ich mich auf den Atem konzentriere, werde ich zum Beobachter meiner Gedanken, Gefühle und Wahrnehmungen, an denen ich weder hafte noch sie zurückweise. Das ist die Praxis der Achtsamkeit. Das ist die Praxis, die zu Befreiung und zu Frieden führt. Es gibt für mich immer noch Zeiten, in denen die Erfahrungen des Krieges im gegenwärtigen Augenblick vorhanden sind. Wenn diese Gedanken, Gefühle und Wahrnehmungen stärker in mein Bewusstsein drängen, konzentriere ich mich darauf, sie weder festzuhalten noch sie zurückzuweisen, sondern einfach zu atmen und gleichzeitig zu versuchen, eine andere Beziehung zu diesem Leiden zu knüpfen, eine harmonischere Beziehung. Das heißt nicht, dass diese Gedanken, Gefühle und Wahrnehmungen weggehen – das tun sie nicht. Heilung ist nicht die Abwesenheit von Leiden. Was durch diesen Prozess, nämlich in meinem Leben gegenwärtiger zu sein, geschieht, ist, dass ich nicht länger versuche, am Leiden festzuhalten oder es zurückzuweisen. Das ist Heilung und Transformation. Die Übung der Achtsamkeit hilft mir, ohne zu werten, in der Wirklichkeit meines Lebens präsent zu sein.

Um im gegenwärtigen Augenblick zu leben, müssen wir achtsam sein bei allem, was wir tun, bei jeder unserer Handlungen: wenn wir eine Tür öffnen, eine Schüssel ins Regal stellen, wenn wir unsere Arbeit tun, mit einem anderen Menschen sprechen, unsere Schuhe binden, einen Schritt machen, aufstehen, uns hinsetzen, uns die Zähne putzen, Auto fahren. Das ist nicht immer leicht. Wir sind durch unsere Gedanken, durch Bilder aus Vergangenheit und Zukunft, durch unsere Träume, unsere Hoffnungen, unsere Versäumnisse leicht abzulenken. Während ich in der vietnamesischen Gemeinschaft in Frankreich lebte, lernte ich, eine Glocke zu benutzen, um mich daran zu erinnern, zu meinem Atem zurückzukehren: die Glocke der Achtsamkeit. Während der Vorträge von Thich Nhat Hanh wie auch im Verlauf des Tages erklang von Zeit zu Zeit eine Glocke. Wann immer wir die Glocke vernahmen, waren wir eingeladen, zu unserem Atem zurückzukehren.

Die Glocke der Achtsamkeit ist nicht ausschließlich Bestandteil der buddhistischen Tradition. Im Mittelalter gehörte sie beispielsweise auch zum Christentum: Wenn die Kirchenglocke erklang, war man eingeladen, in der Arbeit innezuhalten und einen Augenblick über die empfangenen Gaben und die Natur des Lebens nachzusinnen.

Um mich nicht in der Vergangenheit oder der Zukunft zu verlieren, trage ich manchmal eine Glocke bei mir, und ich lasse sie oft erklingen, wenn ich Vorträge halte, um alle zu bitten, innezuhalten und einfach gegenwärtig zu sein.

Doch wir müssen nicht unbedingt eine echte Glocke bei uns haben. Wenn wir wollen, können wir überall Glocken der Achtsamkeit finden. Wenn wir sorgsam lauschen, erklingt die Glocke der Achtsamkeit fortwährend um uns herum. Vielleicht läuten in Ihrer Stadt noch immer regelmäßig die Kirchenglocken. Das Telefon kann eine Glocke der Achtsamkeit sein. Das Geräusch eines Autos, das die Straße entlangfährt, kann eine Glocke der Achtsamkeit sein und mich einladen, zu meinem Atem zurückzukehren. Wenn die Ampel auf rot steht, bin ich eingeladen, in der Hektik des Alltags innezuhalten und zu meinem Atem zurückzukehren. Wenn ich einen Hund bellen höre, bin ich eingeladen, innezuhalten und zu atmen. Das Ergreifen der Hand des Taschendiebes war eine Einladung, innezuhalten und zu atmen. All diese Dinge können Glocken der Achtsamkeit für uns sein. Sie bringen uns in den gegenwärtigen Augenblick zurück, der alles ist, was wir haben.

Sie können tief in Ihr Leben blicken und viele Glocken der Achtsamkeit finden, die Ihnen helfen, zu Ihrem Atem zurückzukehren. Heute morgen goss ich Milch über meine Frühstücksflocken und verschüttete ein paar Tropfen. Das war eine Glocke der Achtsamkeit. Vergangene Nacht konnte ich nicht schlafen, und während ich draußen herumspazierte, vernahm ich Schüsse. Für mich war das eine Glocke der Achtsamkeit. Während ich heute vor der Haustür stand, klingelte irgendwo ein Handy. Das war eine Glocke der Achtsamkeit für mich. Als ich später zu Fuß unterwegs war, kamen viele Autos an mir vorbei, die Staubwolken aufwirbelten, und natürlich dachte ich, sie fahren viel zu schnell. Dieser Gedanke war eine Glocke der Achtsamkeit. Statt mich in meine Ängste, Gedanken, Wahrnehmungen und Wertungen verwickeln zu lassen und von diesem Ort des Leidens aus zu handeln, kehrte ich zu meinem Atem zurück, wurde ich zum Beobachter, der weder an etwas haftete noch etwas zurückwies, und so konnte ich Zeugnis ablegen, wie ich an dem Kreislauf des Leidens teilhatte und ihn fortführte. Genau hier, an genau diesem Punkt – die Hand des Taschendiebs packen, am Verkehr teilnehmen, Milch verschütten – entsteht die Freiheit zu entscheiden, ob ich anders handeln will oder einfach so reagiere, wie ich es in der Vergangenheit getan habe.

Die Ursachen und Bedingungen unseres Lebens halten uns im Leiden gefangen

Ich habe den Großteil meines Lebens in einem Zustand der Nicht-Achtsamkeit verbracht, dem Zustand der Unachtsamkeit. Welch eine Freude ist es zu erwachen! Denn in Achtsamkeit leben heißt erwachen. Wenn ich morgens aufwache, werde ich manchmal vom Leiden verzehrt und bin voller Angst, voller Zweifel, voller Scham. Doch dann empfinde ich diese Scham als Glocke der Achtsamkeit. Ich atme ein, ich atme aus, und ich bin dankbar, dass es mir möglich ist, mit diesen Empfindungen in Berührung zu kommen, eine andere Art von Beziehung zu ihnen einzugehen, andere Entscheidungen in meinem Leben zu treffen.

Wenn ich in Unachtsamkeit lebe, habe ich keine Wahl. Meine anerzogene Natur entscheidet an meiner statt. Das können wir der Geschichte des Buddha über die Säulenhölle entnehmen. Diejenigen, die in diese Hölle stürzen, sehen die Säule als geliebten Partner, geliebte Partnerin oder als Objekt der Begierde. Wenn sie loseilen, um die Säule zu umarmen, wird sie feuerrot und versengt sie zu Tode, aus dem sie von der »Sanften Brise« wiedererweckt werden, einzig um den Prozess erneut zu durchlaufen. Der Begriff »Hölle« wird in einigen buddhistischen Traditionen als »fundamentales Gefängnis« verstanden. Wenn ein Wesen nach buddhistischem Verständnis in eine Hölle kommt, manifestiert sich das als die mächtige und einzigartige konditionierte Natur dieses Wesens – sein persönliches Leiden. Keine Handlung geschieht unabhängig von anderen Handlungen, und jede Handlung zeitigt Folgen.

All unsere Lebenserfahrungen sind die Ursachen und Bedingungen unseres Lebens. Für mich sind die Erfahrungen meiner Kindheit und des Krieges die Ursachen und Bedingungen meines Lebens. Lassen Sie mich ein konkretes Beispiel geben. Ich schlafe nachts nicht sehr viel. Seit einer frühen Kriegserfahrung bin ich dazu nicht mehr in der Lage. Eines Abends landeten wir an einem Ort, an dem wir die Hubschrauber über Nacht abstellten. Irgendwann spät in der Nacht oder in den frühen Morgenstunden überrannte der Vietkong unsere Einfriedung, die uns hätte schützen sollen. Von den hundertsechsunddreißig Amerikanern, die sich dort aufhielten, wurden nur fünfzehn bis zwanzig nicht verwundet oder getötet. Ich war einer von ihnen. Im Verlauf jener Nacht waren die Kampfhandlungen zunehmend brutaler geworden, Mann gegen Mann. Ich musste mit meinen eigenen Händen töten. Ich musste Menschen erschießen, ohne genau zu wissen, wen ich da erschoss, weil ein heilloses Durcheinander herrschte. Als das Gefecht schließlich vorüber war, hörte ich überall die Schreie der Verwundeten und Sterbenden. Es war eine höchst irrwitzige, chaotische, überwältigende Erfahrung. Nachdem ich dieses Erlebnis physisch überlebt hatte, fasste ich den Entschluss, niemals wieder in der Nacht zu schlafen, denn die Nacht war nicht sicher, und ich würde niemals wieder einem anderen Menschen meine Sicherheit anvertrauen.

Selbst nach meiner Rückkehr aus dem Krieg, ja selbst heute noch, so viele Jahre später, wird die Nacht bestenfalls unruhig, schlimmstenfalls entsetzlich für mich. Je näher die Nacht rückt, desto nervöser werde ich, denn ich sollte doch eigentlich schlafen, aber so läuft es nicht! Wenn die Nacht anbricht, höre ich den Lärm des Krieges, und ich werde überwach. Lange Zeit nahm ich Drogen, um schlafen zu können.

Ich nahm Drogen, weil ich mich nicht vollständig akzeptieren konnte, meine Angst inbegriffen; ich konnte nicht im gegenwärtigen Augenblick leben. Stattdessen versuchte ich, die Dinge unter Kontrolle zu bekommen. Ich glaubte, ich sei derjenige, der beschloss, Drogen zu nehmen, Alkohol zu trinken, statt zu merken, dass die Ursachen und Bedingungen meines Lebens diese Entscheidungen für mich trafen. Ich lebte in der Illusion, eine Wahl zu haben.

Wenn ich nicht in Achtsamkeit lebe und mir der Ursachen und Bedingungen meines Lebens nicht bewusst bin, dann beherrschen sie mich. Ich mag zwar glauben, Entscheidungen zu treffen, doch meine Entscheidungen werden in Wirklichkeit von der Natur meines Leidens diktiert. Die Ursachen und Bedingungen meines Lebens bewegen mich dazu, mich so zu verhalten, wie ich es möglicherweise gar nicht möchte. Sie veranlassen mich vielleicht, mit Menschen zu tun zu haben, mit denen ich eigentlich nichts zu tun haben möchte, oder Dinge zu tun, die ich nicht tun möchte, während ich mir die ganze Zeit über einrede, dass ich mich frei für all diese Dinge entscheide.

Mein Leben war erbärmlich, während ich mich gegen meine Schlafunfähigkeit sträubte. Doch durch die Übung der Achtsamkeit, durch das Bemühen, im gegenwärtigen Augenblick zu leben, gelangte ich schließlich an den Punkt, dass ich die Tatsache schlicht akzeptierte: »Ich kann nicht schlafen.« Ich akzeptierte die Ursachen und Bedingungen meines Lebens. In jenem Augenblick der Annahme verspürte ich einen Frieden, wie ich ihn kaum je zuvor erlebt habe. Ich war in Frieden mit meinem Un-Frieden.

Eine der Fallen der Achtsamkeitspraxis besteht darin, dass wir uns ein Bild schaffen, in dem wir nicht furchtsam sind, ein Bild, in dem wir ruhig sind, allzeit im Frieden. Das bedeutet aber nicht, in Achtsamkeit zu leben. Achtsamkeit und geistige Ruhe sind verwandt, aber sie sind nicht identisch. Für mich bedeutet in Achtsamkeit leben, dass ich friedlich im Un-Frieden leben kann; ich kann die Realität der Un-Ruhe akzeptieren. In unser aller Leben gibt es Momente der Ruhe und Momente der Un-Ruhe. Wenn ich in Achtsamkeit lebe, kann ich akzeptieren, dass diese Augenblicke kommen und gehen wie ein sanfter tropischer Regen oder wie ein Wirbelsturm, doch sie kommen und gehen. In Achtsamkeit sehe ich ihre Schönheit, wenn sie da sind; ich kann preisen, was sie mir bieten, in dem Wissen, dass sie vergehen, und in dem Wissen, dass sie wiederkehren können. Wenn ich in Achtsamkeit lebe, kann ich tief in meine Natur sehen und mein Leiden berühren; ich kann lernen, mit meiner Angst, meinen Zweifeln, meiner Unsicherheit, meiner Verstörtheit und meinem Zorn zu leben.

Meine Aufgabe ist es, an diesen Orten zu verharren wie Wasser, das zur Ruhe kommt, wie Schwester Chan Khong mir während meines ersten Besuches in Plum Village gesagt hat. Wenn ich weiterhin in Achtsamkeit lebe, habe ich die Chance, wie stilles Wasser zu werden. Ich bin es noch nicht. Es gibt viele Zeiten, in denen ich von der Wut und der Gewalt der Gesellschaft berührt werde, und ich reagiere. Ich habe diese Saat noch immer in mir. Doch ich habe gelernt, nicht so streng zu mir zu sein, denn ich kann zu meinem Atem zurückkehren. Ich muss nicht auf einem Weg voranschreiten, den ich als selbstzerstörerisch erkannt und erfahren habe.

Wenn wir nicht in Achtsamkeit leben, bedeutet das, dass wir in Unachtsamkeit leben – beherrscht von den Ursachen und Bedingungen unseres Lebens, und auf diese Weise bleiben wir in unserem Leiden gefangen und können sicher sein, dass wir weiteres Leiden für uns und andere erzeugen. Es ist mein aufrichtiger Wunsch, nicht weiteres Leiden zu erzeugen, sondern zur Natur des Leidens in meinem und dem Leben anderer zu erwachen, auf dass es verwandelt werden kann.

Es gibt Millionen Stimmen, die versuchen, mich von meinem Leiden abzulenken. Wenn ich eine Glocke der Achtsamkeit vernehme und zu meinem Atem zurückkehre, dann werden diese Stimmen schwächer. Die Glocke bringt sie zum Verstummen. Dann kann mein Leiden hervorkommen. Ich kann es berühren und darin schwimmen – ich bin nicht länger versucht, mich davor zu verstecken oder darin zu ertrinken.

Heilung ist nicht die Abwesenheit von Schmerz und Leiden

Vor einigen Jahren verbrachte ich einen Monat in Vietnam. Ich befand mich auf einer Pilgerreise, die in Auschwitz begann, wo ich die Laienordination in der Soto-Zen-Tradition von Bernard Tetsugen Glassman Roshi empfangen hatte. Vor meiner Abreise sagten die Leute zu mir: »Warum willst du nach Vietnam zurückkehren? Welchen Sinn hat es, an alte Wunden zu rühren? Bedenke doch: Die Vergangenheit ist vorbei.« Es gab eine Zeit, da habe ich das glauben wollen. Ich wollte, dass der Schmerz wegging, dass er verschwand, ohne Spuren zu hinterlassen, als hätte er nie existiert. Ich glaubte, dass Heilung synonym sei mit der Abwesenheit von Schmerz und Leiden. Doch durch das Leben in Achtsamkeit lerne ich, dass Heilung nicht die Abwesenheit von Schmerz und Leiden ist – Heilung bedeutet, mit dem Schmerz und dem Leiden leben zu lernen.

Wenn ich in Achtsamkeit lebe, bin ich eingeladen, die Natur des Leidens, meines Leidens zu berühren und zu umarmen, ohne es zu bewerten. Meine Empfindungen sind weder richtig noch falsch, weder gut noch schlecht; sie *sind* einfach. Keine Wertungen vorzunehmen brachte viel größere Freiheit in mein Leben. Ich bin von dem gesellschaftlich-kulturellen Umfeld, in dem ich lebe, konditioniert, mein Leiden zu bewerten und zu glauben, dass es falsch sei, mit bestimmten Empfindungen in Berührung zu kommen.

Ein Beispiel: Wenn ich Zorn gegenüber Menschen empfand, die nicht als Soldaten gekämpft hatten, dachte ich: »Wie kann ich derartige Gefühle hegen? Die Leute sagen mir, ich solle die Vergangenheit vergessen und nach vorn schauen.« Doch ich konnte es nicht.

Mein Urteil, Produkt meines anerzogenen Verhaltens, hielt mich in Unachtsamkeit gefangen, fernab von Bewusstheit. Mein Urteil hielt mich in meinem Leiden gefangen und gleichzeitig in der Illusion, dass ich nicht litt. Wenn ich in Achtsamkeit lebe, kann ich meiner Gedanken, Gefühle und Wahrnehmungen gewahr sein, ohne sie zu bewerten.

Wenn ich in Achtsamkeit lebe, kann ich tief in meine Natur blicken, die Ursachen und Bedingungen meines Lebens ergründen, die mein Leiden nähren, und ich kann mir dessen Natur zutiefst bewusst werden. Ich kann meine Angst, meine Trauer, meine Wut, meine Verwirrung spüren. Ich kann sie spüren, ich kann sie berühren, ich kann sie betrachten, ich kann sie an die Hand nehmen.

Wenn ich in Achtsamkeit lebe, habe ich echte Wahlmöglichkeiten. Ich besitze Freiheit. Ich werde in der Lage sein, die leise, aber entschlossene Stimme zu hören, die mich lenkt und leitet, die leise Stimme, die mir sagt: »Claude An-

Shin, das ist keine gute Idee. Vielleicht solltest du das lieber lassen.« Oder vielleicht sagt sie: »Claude AnShin, das ist eine tolle Idee! Ja, mach das!« Je mehr ich in Achtsamkeit lebe, einatme und ausatme, desto klarer zeigt mir das Leben den einzuschlagenden Weg. Doch ich muss beständig aufmerksam sein, bewusst, wachsam. Ich muss stets sehr eingehend die Natur meines Tuns betrachten.

Es ist nicht möglich, in Achtsamkeit zu leben und Leben zu zerstören. Als ich im Krieg getötet habe, lebte ich nicht in Achtsamkeit. Unachtsamkeit beherrschte mich. Ich redete mir ein, dass sie, die anderen, der Feind, die Ursache meines Leidens seien. Doch der Feind ist nicht der Quell meines Leidens. Mein Leiden gehört mir.

Nachdem ich aus Vietnam zurückgekehrt war, lebte ich eine Zeitlang auf der Straße. Ich war obdachlos und in Unachtsamkeit, Achtlosigkeit verfangen. Wenn Sie an mir vorübergegangen wären, hätten sie mir vielleicht einen Fußtritt versetzt; Sie hätten mich nicht ansehen mögen. Die Menschen mochten mich nicht ansehen, weil sie in mir einen Teil ihrer selbst gesehen hätten, den sie lieber leugnen wollten.

Es scheint, als würden wir in dieser Gesellschaft dazu erzogen zu glauben, wir seien anders. Anders als die Obdachlosen, die Drogenabhängigen, die Mörder, die Kindesmissbraucher, aber wir sind nicht anders. Wir sind vielleicht weder dieses noch jenes Genannte, aber das heißt nicht, dass wir anders sind. Wenn wir in Achtlosigkeit leben, kann sich unsere anerzogene Natur, der wir uns wenig bewusst sind, manifestieren und binnen eines Sekundenbruchteils können wir uns obdachlos finden, im Gefängnis, geschieden, als Vergewaltiger oder Missbraucherin. Leiden kann uns so schnell an diese Orte führen, dass wir keine Ahnung haben, wie wir dorthin gelangt sind, oder dass wir nicht einmal merken, dass wir dort angelangt sind. Und noch weit beunruhigender ist, dass wir, während wir von unserem anerzogenen Verhalten beherrscht werden, im Leiden gefangen, glauben, es sei nicht so. Wir glauben, dass wir bewusst sind. Das ist die Macht der Illusion – die Pfahlwurzel der Unachtsamkeit.

Ich bin nicht du, aber wir unterscheiden uns nicht

Wenn wir in Achtsamkeit leben, gibt es im absoluten Sinne keine Trennung zwischen uns selbst und anderen. Achtsamkeit führt uns über die Vorstellung von »mir« als eigenständigem, abgetrennten Wesen hinaus und verleiht uns die Klarheit zu erkennen, an welchem Punkt wir nicht von dem getrennt sind, was wir als anders wahrnehmen. Wir sind nicht anders. Ich bin nicht du, aber wir unterscheiden uns nicht voneinander. Das nächste Mal, wenn Sie einem obdachlosen Menschen auf der Straße begegnen, sehen Sie ihn an, lassen Sie ihn eine Glocke der Achtsamkeit für Sie sein und erkennen Sie, dass Sie sich nicht von ihm unterscheiden. Wenn wir begreifen, dass wir nicht anders sind, dann müssen wir auch nicht schuld- und schamerfüllt fortsehen. Wir sehen das Menschsein und das Leiden und entscheiden aus Mitgefühl und Annahme, statt von der Warte des Wertens und Verleugnens, ob wir helfen wollen oder nicht.

Es wird der Augenblick kommen, in dem wir nicht von unserer Verzweiflung beherrscht werden

Wenn wir in Achtsamkeit leben, wird der Augenblick kommen, in dem wir nicht von unserer Verzweiflung beherrscht werden – in dem wir nicht länger getrieben sind, weil all unsere Erfahrungen ein Akt der Meditation werden. Das Leben wird klarer, fließender, schlichter – wenn auch nicht zwangsläufig einfacher. Wie der Buddha gesagt hat: Leben ist Leiden. Das ändert sich auch nicht, doch unsere Fähigkeit, angesichts des Leidens zu denken und zu fühlen und zu handeln wird klarer, fließender und schlichter.

Wenn ich in Achtsamkeit lebe, ist jede meiner Handlungen ein Akt der Meditation. Wasser trinken, mit einer Freundin sprechen, einen Baum betrachten, den vorbeifahrenden Lastwagen lauschen, mir die Nase putzen, husten, zur Toilette gehen – alles wird ein Akt der Meditation.

Wenn ich achtsam lebe, macht das aber die Meditation nicht überflüssig. Um die Realität der Achtsamkeit in meinem Leben zu fördern, ist es wichtig, jeden Tag einen ruhigen Ort zu finden, an dem ich still sitzen kann, sei es auf einem Kissen, einem Stuhl oder einem Felsen. Es kann überall sein – in meinem Zimmer, im Zug, im Flugzeug, in einer Parkanlage. Der Raum, den ich für mich schaffe, ist von großer Bedeutung. Dieser Augenblick der Ruhe erlaubt mir, auf die innere Stimme zu lauschen, die mich leitet. Je mehr ich in der Lage bin, in Achtsamkeit zu leben, desto eher kann diese Stimme zu mir sprechen. Es ist nicht so, als ob eine Stimme in meinem Kopf zu mir sprechen würde – es ist ein Gefühl von Richtigkeit angesichts meines Tuns oder vielleicht auch nur die Einladung innezuhalten.

Wenn ich meine Achtsamkeit auf etwas lenke und ruhig werde, dann wird dieses Etwas ebenfalls ruhig und richtet sich von selbst. Wenn ich zum Beispiel abgelenkt werde, während ich sitze und meditiere, nimmt mein Körper vielleicht eine verspannte Haltung ein. Wenn die Glocke der Achtsamkeit ertönt und ich mir plötzlich bewusst werde, was geschieht, kehre ich zu einem Ort der Achtsamkeit zurück und bringe meinen Körper wieder in eine entspannte

Haltung. Oder ich merke, dass ich mich in Gedanken verloren habe, und lenke meine Achtsamkeit auf meinen Geist. Die Gedanken werden ruhiger und ziehen vorüber wie Wolken am Himmel.

Wir müssen nicht unbedingt in einer Meditationshalle sitzen, um zu atmen und zu meditieren. Wir können auf einem Kissen sitzen, bis wir steinalt sind – wenn wir nicht zutiefst achtsam atmen, meditieren wir nicht. Achtsamkeit bedeutet nicht, Buddhismus zu studieren oder andere Formen von Meditation. Es ist eine Erfahrung, die wir hautnah machen; es ist die Art, wie wir sind, die Art, wie wir leben. Wenn wir in Achtsamkeit leben, wird jede Handlung in unserem Leben eine meditative sein.

Ich lade Sie ein zu üben, achtsam zu leben. Seien Sie sich bewusst, dass Sie atmen; seien Sie sich Ihres denkenden Selbst bewusst; seien Sie sich Ihres fühlenden Selbst bewusst und seien Sie sich Ihres sensorischen Selbst bewusst – Ihres Riechens, Ihres Schmeckens, Ihres Sehens, Ihres Hörens, Ihres Tastens, selbst des Gefühls der Kleider auf Ihrer Haut in diesem Augenblick. Seien Sie sich all dessen bewusst, der Natur Ihres Selbst, und allem, das um Sie herum geschieht. Kommen Sie damit in Berührung – erfahren Sie es im gegenwärtigen Augenblick. Das ist Leben in Achtsamkeit – die Natur des Lebens.

Ob es eine Ampel, ein Telefonklingeln, ein obdachloser Mensch ist – atmen Sie bei jedem Klang der Glocke der Achtsamkeit ein und atmen Sie aus; laden Sie den gegenwärtigen Augenblick ein, denn er ist wundervoll in allem, was er uns bringt.

Ich hätte lieber nicht getötet. Aber ich habe es getan. Und das zurückzuweisen heißt, mich selbst und die Wirklichkeit meiner Handlungen zurückzuweisen. Durch die Achtsamkeitspraxis, das Leben im gegenwärtigen Augenblick, bin ich in der Lage, mein gesamtes Selbst in mein Leben einzulassen, all die verschiedenen Teile meines Selbst zu einem Ganzen zusammenzufügen. Ja, ich bin der kleine Junge, der Baseball spielt, und ich bin der tötende Soldat. Ja, ich bin der Heroinabhängige, und ich bin der Vater eines wunderbaren Jungen. Ich bin all dies, und ich darf mich nicht von einigen Aspekten abwenden. Indem ich all diese Aspekte meines Selbst im gegenwärtigen Augenblick willkommen heiße, bin ich in der Lage, mein Leben vollständiger zu gestalten.

Wir alle sind wie Steine. Wenn uns jemand aufhebt und in einen See wirft, werden die Kreise den See füllen. Wenn wir in Unachtsamkeit leben, in Achtlosigkeit, wird unser Leiden den See füllen. Doch wenn wir in Achtsamkeit leben, wird unsere Heilung den See füllen.

Kapitel 4 Wenn du eine Brücke in die Luft jagst, bau eine Brücke

Während der Zeit, die ich in Vietnam verbrachte, trug ich die Verantwortung für ein ungeheures Maß an Tod und Zerstörung. Als ich Thich Nhat Hanh zum ersten Mal begegnete, wollte ich mich bei ihm stellvertretend beim vietnamesischen Volk entschuldigen und auf irgendeine Weise Wiedergutmachung für all das Töten und all das Leiden leisten. Doch ich wusste nicht, wie ich es anfangen sollte. Als ich schließlich den Mut gefasst hatte, mit jemandem zu sprechen, wandte ich mich an seine Mitarbeiterin Chan Khong. Ich näherte mich ihr mit der Frage: »Wie kann ich Wiedergutmachung leisten für die Zerstörung, die ich in Vietnam angerichtet habe?« Schwester Chan Khong antwortete: »Wenn du ein Haus in die Luft jagst, bau ein Haus. Wenn du eine Brücke in die Luft jagst, bau eine Brücke.« Ich fragte weiter: »Aber wenn ich einen Menschen getötet habe – wie kann ich das wiedergutmachen?« Doch ich hatte ihr eine Frage gestellt, die auch sie nicht beantworten konnte. Und ich wusste, an diesem Punkt musste ich meinen eigenen Weg finden.

Als Soldat war ich ausgebildet worden zu töten. Man hatte mich in dem Glauben erzogen, dass der Weg zum Frieden durch das Töten führt. Mir wurde beigebracht, dass alles, was anders ist als ich, alles, was meinen Überzeugungen zuwiderlief, mein Feind ist und dass einzig der Sieg zählt und dass der Sieg durch die Niederlage und Vernichtung des

Feindes erzielt wird. Dass die Ideologie, die sich durchsetzt, gewonnen hat.

Durch meine Erziehung und meine Ausbildung hatte man mich gelehrt, mich von meinen Gefühlen zu trennen und mich von meiner Menschlichkeit zu lösen. Durch diese Trennung verlor ich den Zugang zu der essentiellen Lebenskraft, aus der sich unsere Menschlichkeit entfaltet. Man brachte mir bei, dass ich ein abgetrenntes, separates Selbst bin, mit nichts anderem verbunden, sondern Herrscher über alle Dinge.

Doch alle spirituellen Traditionen – buddhistische, christliche, muslimische, jüdische und all die anderen, die mir bekannt sind – betonen, dass alles Leben miteinander verbunden und dass alles Leben heilig ist. In den Lehren des Buddha heißt es, dass alle Dinge einander wechselseitig durchdringen und miteinander verbunden sind. Dass ich mich nicht von dem Blatt Papier unterscheide, auf dem ich schreibe. Und während es stimmt, dass ich mich nicht von dem Blatt Papier unterscheide, stimmt es doch auch ohne jeden Zweifel, dass ich nicht das Blatt Papier bin. Jetzt denken Sie vielleicht: »Was soll dieser Unsinn? Wovon um alles in der Welt redet der? Was soll das? Ist der völlig durchgeknallt?« Lassen Sie es mich erklären.

Dieses Blatt Papier besteht aus Elementen, die wir als Nicht-Papier-Elemente bezeichnen können. Da ist die Erde, da ist der Himmel, da ist der Regen, da sind die Mineralien aus dem Erdboden, da ist der Wind, da ist die liebende Güte. All diese Nicht-Papier-Elemente existieren auch in mir. Das ist der Ort, den wir die Soheit der Dinge nennen können, der Ort, an dem ich mich nicht von dem Blatt Papier unterscheide – die Soheit ist der Ort, an dem wir miteinander verbunden sind. An diesem Punkt können wir die wechselseitige Verbundenheit aller Dinge erfahren.

Ich spreche aus der Perspektive der buddhistischen Praxis, weil genau dort im Augenblick mein Fokus liegt, doch es ist Sinn und Zweck jedweder spirituellen Praxis, egal, wie wir sie nennen, uns zu dem Bewusstsein der wechselseitigen Verbundenheit aller Dinge zu führen. Alles, was ich tue, wirkt sich auf das gesamte Universum aus. Wenn ich also mit dem Blatt Papier achtlos umgehe, gehe ich mit mir achtlos um und gehe auch mit Ihnen achtlos um.

Die erste buddhistische Richtlinie lautet, nicht zu töten. Mir des Leidens bewusst, das durch die Zerstörung von Leben entsteht, gelobe ich, nicht zu töten, andere nicht töten zu lassen und über keinen Tötungsakt in meinem Leben stillschweigend hinwegzugehen. Diese Richtlinie hilft mir zu erkennen, wo ich fortfahre, Tötungsakte herbeizuführen. Wenn ich ein Glas Wasser trinke, töte ich. »Wie das?«, fragen Sie sich vielleicht. Nun, in dem Wasser leben Mikroorganismen. Wenn ich es also trinke, töte ich sie. Nun sagen Sie vielleicht: »Ach, das sind doch nur Mikroorganismen – keine große Sache. Wie können Sie die mit menschlichem Leben gleichsetzen?« Das Argument habe ich oft gehört. Doch in dem Augenblick, in dem ich die Mikroorganismen als getrennt von mir betrachte, errichte ich eine Hierarchie, und dann wird das, was ich in Vietnam getan habe, möglich. Es liegt nur wenige Schritte entfernt. Und so geschieht es tatsächlich allenthalben.

Doch ich muss das Wasser trinken, um am Leben zu bleiben. Wenn ich das Wasser nicht trinke, töte ich ebenfalls, weil ich dann sterben werde. Was kann ich also tun? Ich verfahre folgendermaßen: Ich erkenne an, dass das Wasser nicht getrennt von mir existiert, dass die Mikroorganismen nicht getrennt von mir existieren. Wenn ich das Wasser trinke, tue ich das in vollem Bewusstsein all der möglichen Folgen dieser Handlung, und so trinke ich jeden Schluck mit der Achtung, die er verdient. Ich verwandele das Trinken des Wassers in eine spirituelle Übung, eine Achtsamkeitsübung.

Vor einiger Zeit las ich ein Buch mit dem Titel *Killing,* geschrieben von einem Oberstleutnant, der an einer Militärakademie unterrichtet. Er beschäftigt sich mit der Psychologie des Tötens und schreibt, dass das Ausmaß des Tötens sich verringern würde, wenn man den Menschen die Gewehre und Flugzeuge und Bomben fortnähme, weil sie dann näher heranmüssten, weil sie direkt Hand anlegen müssten, und davor schreckten die meisten Menschen zurück. Eine Bombe in ein Flugzeug zu laden ist viel distanzierter als einen Abzug durchzudrücken. Doch beides sind Akte entpersönlichten Tötens, weil es keinen direkten Kontakt gibt. Es ist leichter zu glauben, dass wir nicht direkt verantwortlich sind, wenn wir dem anderen Menschen nicht gegenüberstehen. Wenn wir keine direkte Verbindung mit dem Akt des Tötens haben, ist es einfach, sich überhaupt nicht verantwortlich zu fühlen.

Doch Tatsache ist: Ich bin verantwortlich. Wenn ich die Bombe nicht in das Flugzeug geschafft hätte, dann hätte die Bombe nicht abgeworfen werden können und es wären keine Menschen gestorben. Ich bin verantwortlich. Wäre ich mir bewusst, dass ich mit allen Elementen im Universum wechselseitig verbunden und nicht getrennt von ihnen bin, würde ich weder die Bombe einladen noch den Abzug betätigen. Bin ich mir dessen nicht bewusst, schmälert das nicht meine Verantwortung in Bezug auf den Akt des Tötens.

Im Jahre 1997 starben in den USA 23 000 junge Menschen zwischen achtzehn und dreiundzwanzig Jahren durch Handfeuerwaffen. In einem einzigen Jahr. Während der zehnjährigen Zeitspanne, die von der US-Regierung als Vietnamkrieg bezeichnet wird, sind 58 000 amerikanische Soldaten getötet worden. Das sind durchschnittlich 5800 pro Jahr. 23 000 Todesfälle durch Handfeuerwaffen – auch wenn wir es anders nennen, ist das doch ein Krieg. Ja wirklich, auf US-amerikanischem Boden wird ein ernsthafter Krieg ausgetragen. Und ich muss ergründen, inwiefern ich dafür verantwortlich bin. Ich bin für jeden einzelnen dieser Todesfälle durch Handfeuerwaffen verantwortlich. Sie fragen sich vielleicht, wie ich zu der Überzeugung gelangt bin. Nun, wenn ich meine Stimme nicht erhebe, wenn ich mich nicht engagiert dafür entscheide, anders zu leben, wenn ich in Ignoranz lebe, dann bin ich der Verantwortung für alle Erscheinungsformen von Gewalt auf der Welt keineswegs enthoben. Die meiste Gewalt hat ihre Wurzeln in sozialen und ökonomischen Ungerechtigkeiten. Unsere soziale Konditionierung spiegelt uns das Bild vor, dass die Mächtigen nicht leiden. Und die Mächtigen sind diejenigen, die Herrschaft ausüben, und Gewalt ist das Werkzeug, das am meisten eingesetzt wird, um Herrschaft zu erlangen und zu befestigen. Mit meiner großen Vertrautheit und Erfahrung von Gewalt liegt es in meiner Verantwortung, mehr und mehr Bewusstheit für diese Bedingungen zu schaffen. Das sehe ich als meine spirituelle Aufgabe.

Ich bin einmal gefragt worden, ob ich an das Gesetz von Ursache und Wirkung (Karma) glaube. Ich habe folgendermaßen geantwortet: »Wenn ich an Ursache und Wirkung glaube, dann existieren sie; wenn ich nicht an Ursache und Wirkung glaube, dann existieren sie immer noch. Wenn ich erfahren habe, dass ein Kind oder sonst ein Mensch ausgebeutet wird, und ich gebe dieses Wissen nicht weiter, dann fördere ich damit diesen Akt von Gewalt, von Missbrauch oder Vernachlässigung und bin gleichermaßen dafür verantwortlich.

Was fange ich nun damit an? Ich habe begriffen, dass ich keinen der vielen Kriege, die auf der Welt geführt werden (einschließlich der häuslichen Kriege, die mit Feuerwaffen ausgetragen werden) unmittelbar beenden kann. Aber ich kann zu der Tatsache erwachen, dass ich verantwortlich bin. Ich kann zu dem Krieg in mir selbst erwachen und kann diese inneren Kämpfe beenden. Ich kann den Krieg in mir heilen. Das geschieht, wenn ich zu der Natur meines Leidens erwache, den Ursachen und Bedingungen meines Lebens, und die Dinge anders handhabe.

Wenn ich die Lehre der wechselseitigen Verbundenheit begreife, dann kann ich an einen Ort des Verstehens gelangen, einen Ort jenseits des Intellekts. Einen Ort, an dem ich von nichts im Universum getrennt bin – von gar nichts. Und dort werde ich entdecken, dass ich Wirkung zeitige, dass meine Handlungen Wirkung zeitigen, Wirkung auf das gesamte Universum. Das kann geschehen, weil das Gesetz von Ursache und Wirkung Gültigkeit besitzt und weil ich nicht vom Universum, nicht vom anderen, nicht von irgendetwas getrennt bin. Während ich in Plum Village lebte und lernte, beschäftigte mich eine Frage stets aufs Neue. Es war eine Frage bezüglich Ursache und Wirkung, der Umkehrung eines negativen kausalen Zusammenhangs in einen positiven. Es war die Frage der Wiedergutmachung. Die Antwort, die ich von Schwester Chan Khong erhalten hatte, war simpel gewesen: »Wenn du eine Brücke in die Luft jagst, bau ein Brücke; wenn du ein Haus in die Luft jagst, bau ein Haus.« Die Antwort bedeutete, dass Karma (Ursache und Wirkung) »repariert« werden kann. Doch die unterschwellige Frage war damit für mich nicht beantwortet worden. Was konnte ich im Hinblick auf all die Leben, die ich genommen hatte, tun? Ich kann Leben nicht zurückgeben. Durch meine Praxis entdecke ich allerdings, dass ich, indem ich erwache, indem ich das Leiden nicht fördere, sondern bewusst und anders lebe, in gewisser Weise neues Leben erschaffen kann, auch wenn ich das intellektuell nicht immer nachvollziehen kann. Das Universum folgt keiner simplen positiven oder negativen Arithmetik: ein Auge für ein Auge, ein Zahn für einen Zahn, eine Brücke für eine Brücke, ein Haus für ein Haus. Indem wir das Ausmaß an Schmerz und Leiden verringern, können wir Leben retten und sogar neues Leben erschaffen.

Ich muss die Dinge anders tun. Aber ich kann mich nicht in eine neue Lebensweise hineindenken – ich muss mich in eine neue Denkweise hineinleben.

Ich unternehme nicht den Versuch, im moralischen Sinne des Wortes »gut« zu sein. Ich versuche, ein Leben des Dienens zu führen und zu tun, was sich als positiv und nützlich enthüllt. Die Richtung, in die dieses Dienen geht, besteht darin, anderen Menschen zu helfen, denn ich wäre nicht hier, wenn andere Menschen mir nicht geholfen hätten. Es ist das Weitergeben dessen, was mir so großzügig gewährt wurde. Ich begann zu entdecken, dass die Wiedergutmachung für mich darin besteht, dazu beizutragen, dass die Gewalt in der Welt, die ich verursacht habe, verringert wird.

»Du bist mehr Mönch als ein Mönch«

Während eines meiner Aufenthalte in Plum Village, wo ich drei Jahre lang mit kleinen Unterbrechungen lebte und lernte, wurde mir die Ordination zum Mönch in jener Tradition angeboten. Ich lehnte ab, weil ich kein monastisches Leben führen wollte. Als ich wieder in die Vereinigten Staaten zurückgekehrt war, wurde ich einem amerikanischen Soto-

Zen-Meister vorgestellt: Bernard Tetsugen Glassman Roshi. Nach unserer ersten Begegnung rief ich ihn an und sagte, ich würde mich gern privat noch einmal mit ihm treffen, denn ich interessierte mich für das, was er tat.

Zwei oder drei Wochen später fuhr ich nach Yonkers, New York, wo Glassman Roshi lebte. Wir saßen etwa fünfzehn Minuten zusammen und meditierten. Als wir damit fertig waren, eröffnete er das Gespräch mit dem Satz: »Ich möchte dich ordinieren.«

Obwohl ich daran interessiert war und in den tiefsten Schichten meines Seins diesen Schritt tun wollte, lautete meine erste Reaktion: »Warum wollen Sie mich ordinieren? Was wollen Sie von mir? Welches Motiv steckt dahinter? Sie kennen mich doch nicht einmal!« Nachdem ich meine Einwände erhoben hatte, erwiderte er: »Ich kenne dich genug.« Ganz ähnlich hatte Thich Nhat Hanh zu mir gesprochen, der auf meine Zweifel, die Mönchsrobe anzunehmen, erwidert hatte: »Du bist mehr Mönch als ein Mönch. Ich kenne dich genug.« Und so sagte ich schließlich: »Ja, ich bin daran interessiert. Was kommt als Nächstes?«

Zu jener Zeit hatte ich die Absicht, an einer Pilgerreise durch Osteuropa und Asien teilzunehmen. Die Pilgerreise sollte in Auschwitz beginnen, und deshalb kam Glassman Roshi nach Auschwitz. Meine Laienordination fand an dem Platz statt, wo sich einst eines der Krematorien befunden hatte. Es war Anfang Dezember 1994. Und dann begann ich von dort aus den Marsch nach Hiroshima. Der ursprüngliche Plan hatte vorgesehen, dass Glassman Roshi nach Vietnam kommen sollte, um mich dort als Mönch zu ordinieren. Doch die Umstände ließen es nicht zu, da sein Lehrer, Taizan Maezumi Roshi, im April des folgenden Jahres, 1995, starb und er sich mit all den Angelegenheiten befassen musste, die dessen Tod mit sich brachte. Also beendete ich die Pilgerreise, kehrte in die Vereinigten Staaten zurück und wurde am 6. August 1995 in Yonkers als Mönch ordiniert. Am Hiroshima-Tag. Zum Ordinationsprozess gehört es, sich den Kopf scheren zu lassen. Anfangs erschien mir das als ein großer Hinderungsgrund, diesen Schritt zu unternehmen, denn ich liebte mein langes blondes Haar. Der Akt des Kopfscherens repräsentierte für mich eine Form der Demütigung. So wurde es im Militär, in Gefängnissen und in Konzentrationslagern angewandt. Ich behielt im Hinterkopf, dass ich an jedem Punkt der Vorbereitung für die Ordination nein sagen konnte. Ich tat es nicht, und ich stellte schließlich fest, dass das Scheren meines Kopfes kein Opfer war, sondern eine Verpflichtungserklärung, keine Demütigung, sondern ein Loslassen.

Die Ordination machte einen großen Unterschied für mich, denn ich betrachte diesen Schritt als eine enorme Verpflichtung, wahrhaftig auf eine bewusste und verantwortliche Weise zu leben.

Ich beschloss, Mönch zu werden, um das Leben zu feiern, nicht um mich vor dem Leben zu verstecken. Ich beschloss, nicht in einem Kloster zu leben, sondern der alten Tradition der wandernden Zen-Bettelmönche Asiens zu folgen und bewusst und sichtbar in der Welt zu leben.

Ich stehe mit vielen spirituellen Gemeinschaften unterschiedlicher Ausrichtung in Kontakt und lade sie ein, sich miteinander auszutauschen, denn die Wirklichkeit der spirituellen Lehre – ob buddhistisch, jüdisch, christlich, muslimisch oder sonstwie ausgerichtet – besagt, dass wir nicht verschieden sind, dass wir wechselseitig miteinander verbunden, dass wir gemeinsam stark sind. Stärke liegt nicht in den Händen, die Waffen abfeuern und den Tod bringen, Stärke liegt in den Händen, die helfen und trösten und gemeinsam für den Frieden arbeiten.

Einer der Wege, auf denen ich versuche, meiner Verpflichtung nachzukommen, besteht darin, mit anderen Menschen zu sprechen, die an ihren Kriegserfahrungen leiden – unabhängig von der Art ihres Krieges, unabhängig davon, ob sie auf dem Balkan leben oder obdachlos auf der Straße oder ob der Krieg bei ihnen zu Hause stattfindet. Ich möchte ihre bewusste Aufmerksamkeit auf die wechselseitige Verbundenheit lenken.

Seine Feinde retteten seinen Arm, retteten sein Leben

Im November 1993, also noch bevor ich ordiniert wurde, war ich eingeladen, mich einer Gruppe von Menschen anzuschließen, die sich Friedensarbeiter auf dem Balkan nannten. Einer der ersten Orte, die wir besuchten, war eine Stadt namens Mostar. Mostar wird von einem Fluss in eine östliche und eine westliche Hälfte geteilt und ist von Bergen umgeben. Mostar stand unter Belagerung. Die Menschen auf der Westseite beschossen die Menschen auf der Ostseite, die Menschen auf der Ostseite beschossen die Menschen auf der Westseite, und die Menschen in den Bergen beschossen die Menschen auf der Ostseite und der Westseite. Jede Straße, die rechtwinklig zum Fluss verlief, war ein Schießstand, und jede Seite belegte die andere Tag für Tag, von morgens bis abends, mit Granatfeuer. Jede Seite besaß zudem Heckenschützen, die ebenfalls Menschen töteten. Wann immer jemand die Straße überquerte, stellte er ein Ziel dar.

Als ich in Mostar eintraf, stellte ich fest, dass die Menschen herumliefen, als befänden sie sich in den Straßen von Smith Center, Kansas – als wären sie sich der Realität des Krieges offenkundig gar nicht bewusst. Und ich begann zu weinen, weil ich die Abwesenheit jeglichen Gefühls bemerkte. Ich kannte diesen abgespaltenen Zustand als Überlebensmechanismus aus eigener Erfahrung nur zu gut – so lässt sich vermeiden, die Realität dessen, was geschieht, zu berühren. Und ich begriff unmittelbar die langfristigen Folgen dieser Abspaltung. Wenn wir unsere Gefühle nicht berühren, bedeutet das nicht, dass sie nicht da sind. Es bedeutet einzig, dass wir uns ihrer nicht bewusst sind und dass sie uns beherrschen werden, und zwar in einer Art stummer, dumpfer Unbewusstheit. Wenn wir unsere Gefühle nicht berühren, wenn wir sie nicht in unserem Leben willkommen heißen, dann werden uns diese unbeachteten Gefühle an Orte führen, die wir nicht aufsuchen wollen; sie werden uns Dinge tun lassen, die wir nicht tun wollen, mit Menschen, mit denen wir sie nicht tun wollen.

Eines Tages setzte ich mich hauptsächlich aus Frustration von meiner Gruppe ab und begann ziellos durch die Stadt zu wandern. Dann beschloss ich, direkt zum Fluss hinunterzugehen, an die vorderste Front. Als ich mich dem Fluss näherte, sah ich mich plötzlich von einer kleinen Gruppe uniformierter Soldaten umzingelt. Sie waren in einem erregten und emotional aufgeladenen Zustand – aggressiv und herausfordernd, aber durch mitfühlende Rede ließ die Spannung allmählich nach, und nachdem ich erklärt hatte, wer ich war, woher ich kam und welche Absichten ich hegte, wurde mir Gelegenheit gegeben, direkt an die vorderste Front zu gehen und ein Haus aufzusuchen, das als Posten für Heckenschützen diente. Jemand begleitete mich dorthin. Ich wollte mit den Soldaten über das Nicht-Kämpfen sprechen und ermutigte sie zum Reden. Ich wollte die Mauer des Schweigens niederreißen, die Mauer der Verleugnung, die existieren muss, damit Töten möglich ist. Wir müssen reden. Wenn wir nicht darüber reden, inwiefern wir betroffen sind, wie wir uns verändert haben, werden wir nicht in der Lage sein, unsere Kriegserfahrung bewusst wahrzunehmen und anzuerkennen. Wenn wir in einem Zustand stummer, dumpfer Unbewusstheit verharren, wird der Krieg nie ein Ende finden. Krieg dauert zum Teil deshalb an, weil sich Menschen mit dem, was im Krieg geschieht, nicht auseinander setzen. Sie sprechen nicht darüber, wie sie sich verhalten haben, wie sie gelitten haben, wie verzweifelt sie waren. Die Überlebenden sprechen nicht von ihrem Leiden und setzen ihr Leben einfach fort. Diese Entscheidung belässt viele Gefühle im Verborgenen und bietet damit den Treibstoff für einen endlosen Kreislauf des Leidens und für einen weiteren Krieg. Kultureller Selbstmord.

In Mostar und in Sarajewo, in Krankenhäusern und auf beiden Seiten der Front habe ich mit Soldaten über den Krieg gesprochen, über Kämpfen und Nicht-Kämpfen. Nach Mostar war ich mit einer Gruppe von ungefähr achtzehn FriedensaktivistInnen gekommen, die aus sieben verschiedenen Ländern stammten. Nicht ein einziges Mal fragte einer von ihnen die Menschen: »Wie können wir euch helfen?« Sie waren allesamt mit ihren eigenen Plänen, ihren eigenen Vorstellungen von Frieden gekommen und versuchten, diese der Situation aufzudrücken. Das ist keine Friedensarbeit – das ist eine Form des Imperialismus! Das unterscheidet sich letztlich nicht von Krieg. Ich begriff sehr wohl, dass die AktivistInnen wirklich nach Frieden strebten; sie widmeten ihr Leben dem Frieden. Aber sie hatten keine Ahnung, was Frieden war; sie hatten nur ihre theoretischen Vorstellungen, aber sie besaßen keinerlei Werkzeug, das ihnen hätte helfen können zu lernen. Sie wussten nicht bewusst zu atmen. Niemand hatte sie je ermutigt, sich ihr eigenes Leiden anzusehen, und deshalb wurde ihr Friedensaktivismus zu einer Fortführung ihres Leidens.

Für mich war es wichtig, mit den Menschen in diesem Kriegsgebiet direkt und aufrichtig zu sprechen. Zu begreifen, dass es nichts gibt, das ich tun kann, um diesen Krieg zu beenden oder auch jeden anderen Krieg, außer dem Krieg, der in mir ist. Ich kann den Krieg in mir behandeln und heilen; ich kann mich der Veränderung und Umwandlung öffnen. Der Prozess des achtsamen Lebens hat mir zu der tiefgründigen wie schlichten Erkenntnis verholfen, dass sich meine Veränderung auf jeden anderen Menschen auswirkt, da ich mit anderen wechselseitig verbunden bin.

Als wir das Krankenhaus erreichten, das auf der Westseite von Mostar lag, fand unsere Gruppe einen verwundeten Soldaten, der Englisch sprach, und nach anfänglichem hektischen Medientreiben mit Mikrofonen und Videokameras ließ man mich mit ihm allein. Ich bat ihn, mir von seinen Erfahrungen in diesem Krieg zu erzählen. Anfangs erzählte er mir einzig die guten Geschichten, eine Art Schutzpropaganda. Er sprach nur davon, wie schrecklich die Gegenseite war. Das war schließlich das, wozu er ausgebildet worden war, genau wie ich. Als Soldat war ich darauf getrimmt worden, die Vietnamesen schlicht als bewegliche Zielscheiben zu betrachten, auf die es zu schießen galt, und seine Erfahrung unterschied sich nicht von meiner. Indem ich von meiner Kriegserfahrung sprach, ermunterte ich ihn schließlich, auf eine direktere und persönlichere Weise von seiner Erfahrung zu erzählen.

Ich verließ ihn irgendwann, kehrte aber am nächsten Tag zu ihm zurück. Als ich den Raum betrat, in dem sein Bett stand, und unsere Augen sich begegneten, brach er in ein freudiges Lächeln aus. Er war sehr erstaunt, dass ich ihn erneut besuchte. Ich sah, dass ihm Tränen in den Augen standen. Doch sobald er merkte, dass er seine Gefühle zeigte, erstarrte er. Was man ihm beigebracht hatte, war genau das, was man mir beigebracht hatte: Sei unter keinen Umständen emotional anwesend! Zeige niemals deine Gefühle!

Bei jenem zweiten Besuch sprachen wir über seine Verletzungen. Er war in den linken Ellbogen geschossen worden, und ich fragte ihn, wie das passiert sei. Als Gefangener auf der Ostseite hatte man ihn gezwungen, Schützengräben auszuheben, und dabei war er von der Westseite aus angeschossen worden, von einem Heckenschützen aus seinem eigenen Lager. Als die Ärzte eintrafen, hieß es zunächst, sie müssten den Arm am Ellbogen amputieren. Ich fragte ihn, wie er in dieses Hospital auf der Westseite gelangt war. Es stellte sich heraus, dass die Ärzte von der Ostseite seinen Arm hatten retten können, dann aber feststellten, dass sie ihn nicht angemessen weiterversorgen konnten, weshalb sie ihn auf die Westseite hinüberschaffen ließen, wo ihn eine bessere medizinische Versorgung erwartete. Die Ärzte von der Ostseite, seine Feinde, die Ungeheuer und Teufel von der Gegenseite, hatten seinen Arm und letztlich sein Leben gerettet.

Wir sprachen noch weiter über den Krieg auf dem Balkan. Wann immer er anfing, von den Ungeheuern und Teufeln der Gegenseite zu sprechen, berührte ich seinen Arm und fragte ihn: »Was sagst du zu diesem Arm?« Und nach einem etwa einstündigen Gespräch meinte er: »Ja, vielleicht sind es nicht allesamt Ungeheuer. Schließlich haben sie mich gerettet, mich und meinen Arm.«

Am dritten Tag begann er mit mir über die Natur des Kämpfens und des Krieges zu sprechen. Ich fragte ihn: »Wie erklärst du dir diesen Krieg?« Wohin ich auch komme, sagen mir alle Menschen, mit denen ich rede, dass sie den Krieg nicht wollen, und der Soldat antwortete mir: »Das ist nicht unser Krieg – es ist der Krieg unserer Großväter. Sie sollten zu den Waffen greifen und kämpfen. Das ist nicht unser Krieg – es ist der Krieg der Politiker – sie sollten an vorderster Front stehen.« Wiederum unterschied sich seine Erfahrung nicht von meiner: Ich ging drei Jahre, bevor ich wählen durfte, nach Vietnam (das Wahlalter lag damals bei einundzwanzig). Ich hatte kein Mitspracherecht, was die Politiker anbelangte, die den Krieg beschlossen und mich in den Kampf schickten.

Während unserer dritten Begegnung fragte mich der Soldat, wie ich von den Amerikanern nach meiner Heimkehr behandelt worden sei. Ich antwortete: »Sie haben mich zurückgewiesen. Sie wollten mich nicht um sich haben, weil ich sie an ihre Verantwortung für den Krieg in Vietnam erinnerte.« Er sagte: »Das ist hier nicht anders. Wenn du an der Front bist, lieben dich alle; sie geben dir ein Dach über dem Kopf, Essen, Geld ... aber wenn du nicht mehr in der Lage bist, zu kämpfen, wollen sie dich nicht mehr.«

Ich fragte ihn: »Warum kämpfst du?« Er antwortete: »Wenn ich nicht kämpfe, werden die Ungeheuer auf der anderen Seite uns mit Sicherheit töten. Sie werden uns überwältigen, sie werden uns alle töten.« Und dann fragte ich ihn: »Warum haben diese Ärzte deinen Arm gerettet?« Er sah mich nur an, und ich wusste, dass wir gemeinsam einige der gewaltigsten Lügen gejätet hatten, die den Samen des Krieges immer wieder aussäen.

Ob du Sieger oder Verlierer bist – deine Narben sind dieselben

Als ich im Dezember den Balkan verließ, reiste ich nach Hamburg, um einen Freund zu besuchen. Der Krieg auf dem Balkan war noch ganz frisch in mir, und ich war wieder angespannt wie zum Gefecht. Überwachsam, unruhig, misstrauisch, unfähig, mich zu konzentrieren, von verstörenden Gedanken bombardiert. Es war um die Weihnachtszeit herum, als ich in Hamburg war, und schon vor dem Silvesterfeuerwerk gingen vereinzelt Feuerwerkskörper los, und jedes Mal wenn das geschah, hörte ich die Kugeln der Heckenschützen pfeifen, den Lärm des Krieges. Eines Nachts, als ich unterwegs war und mir meine Rastlosigkeit aus dem Leib laufen wollte, betrachtete ich die Häuser in Hamburg und sah sie, wie sie am Ende des Zweiten Weltkrieges ausgesehen haben mussten, wie die zerstörten Häuser in den Städten und ländlichen Gebieten des Balkan, wie die Stadt Mostar. Durch diese Erfahrung berührte ich das, was ich mir als Erfahrung des Zweiten Weltkrieges in Europa, in Deutschland vorzustellen vermag. Ich vernahm die herankommenden Flugzeuge, die fallenden Bomben, die getroffenen Häuser, die weinenden Kinder, die sterbenden Menschen, die heulenden Alarmsirenen. Ich konnte es riechen, ich konnte es fühlen, ich konnte es schmecken, und ich begann zu weinen. Mein ganzes Leben lang waren mir die Deutschen sowohl bewusst als auch unbewusst als Feind erschienen, und als Feind konnte ich die Deutschen nicht als Menschen sehen und annehmen. Ich konnte nicht anerkennen, dass auch sie litten, und zwar immens litten. Doch in jenem Augenblick konnte ich das Leiden am Krieg in Deutschland berühren. Und in jenem Augenblick fühlte ich mich dem Menschsein der Deutschen verbunden und nahm mein eigenes Menschsein stärker wahr. In jenem Augenblick war ich nicht länger von ihnen getrennt; sie waren nicht länger mein Feind.

Ob du Sieger oder Verlierer bist – deine Narben sind dieselben. Ich bin nach Vietnam zurückgekehrt und habe mir das Leid der Vietkong-Soldaten angehört; ich habe mir das Leid der Soldaten angehört, die für Nordvietnam gekämpft haben. Ich habe dort im Krankenhaus mit ihnen gesprochen.

Genau wie die amerikanischen Kriegsveteranen sind viele von ihnen nicht in der Lage, kontinuierlich einem Broterwerb nachzugehen, sie können keine Beziehungen aufrechterhalten, sie sind in hoher Zahl drogenabhängig, und die Selbstmordrate ist ebenfalls hoch. In Thailand habe ich mit einem älteren Mönch gesprochen. Während des Vietnamkrieges hat er in Laos gekämpft. Wir haben über seine Erfahrungen gesprochen und über die Erfahrungen seiner Freunde, die ebenfalls Soldaten waren. Wir haben über den Krieg gesprochen und über unsere Erfahrungen während der Gefechte, und die Geschichte, die er mir erzählt hat, unterschied sich nicht sehr von meiner eigenen. Krieg und Gewalt zeitigen überall ähnliche Auswirkungen auf die Menschen, sei es in Vietnam, in Thailand, auf dem Balkan, im Irak, im Kongo oder in den Vereinigten Staaten.

Veteranen des zweiten Golfkrieges wurden bei ihrer Rückkehr mit Paraden gefeiert. Doch als sich herausstellte, dass viele von ihnen an einer Krankheit litten, die unter dem Namen Golfkriegssyndrom bekannt wurde, wandte ihr Land ihnen den Rücken zu. Die Regierung sagte: »Tja, wir wissen auch nicht ... eigentlich ist alles in Ordnung.« Wieder werden das Problem und die kollektive Verantwortung für die Folgen des Krieges gesellschaftlich geleugnet.

Wenn wir nicht direkt betroffen sind, führt unsere emotionale, unsere psychische und spirituelle Distanzierung dazu, dass wir glauben, der Krieg habe mit uns nichts zu tun. Wir sind anders, wir sind davon getrennt. Jener Krieg ist nicht unserer, er hat mit uns nichts zu tun. Die Leugnung eines Problems dient oftmals dazu, uns unserer Verantwortung für dieses Problem zu entledigen. Dies stellt aber einen Bruch unserer wechselseitigen Verbundenheit dar. Die Realität der wechselseitigen Verbundenheit bedeutet, dass diejenigen, die nicht gekämpft haben, für den Krieg ebenso verantwortlich sind wie jeder Angehörige der Kampftruppen. Solange wir diese Realität nicht berühren, wird der Kreislauf des Leidens fortgesetzt werden.

Was ich in Vietnam erlebt habe, ist kaum einzigartig. Andere Menschen aus vielen anderen Kriegen und sogar Menschen, die nie in einem Krieg gekämpft haben, aber Veteranen aus gewalttätigen Familien sind, Veteranen aus gewalttätigen Kulturen wie der unseren, können sich mit dem, wovon ich spreche, identifizieren. Auch wenn die Einzelheiten, die jeweiligen Ereignisse in ihrem Leben völlig anders aussehen, gibt es doch etwas, das auf Widerhall in ihnen stößt. Und dies eröffnet ihnen die Möglichkeit, anzufangen zu erzählen.

Wir sind in einer sozialen Realität aufgewachsen, die Dr. Jonathan Shay als »themis« bezeichnet: als Ermutigung, nicht zu sprechen. »Schweig still!« Wie oft bin ich Menschen begegnet, die gesagt haben: »Weißt du, ich möchte einfach nur fühlen, ich möchte nicht sprechen.« Doch wenn wir nicht sprechen, wenn es uns nicht gelingt, eine Sprache für unsere Gefühle zu schaffen, dann kann Heilung nicht stattfinden. Wir fahren einfach fort, zu »recyclen«, die Umstände wiederzuerzeugen, die uns im endlosen Kreislauf des Leidens gefangen halten. Wir tun das, weil es uns vertraut ist. Als gesellschaftlich konditionierte Wesen wissen wir, wie wir uns in einer Welt der Ausbeutung, der Manipulation und der Unehrlichkeit einrichten können. Die Dinge anders zu machen, die gegebenen Regeln zu überschreiten, unbekanntes Terrain zu betreten, stellt für die meisten von uns eine große Herausforderung dar. Und dennoch höre ich allenthalben: »Ich möchte, dass die Dinge anders sind. Ich möchte, dass mein Leben anders wird.« Wie könnte die Antwort anders lauten als: »Wenn Sie wollen, dass die Dinge anders werden, dann müssen Sie die Dinge anders tun!«

Und eine Sache, die wir anders machen müssen, ist folgende: Wir dürfen das Schweigen und die Verleugnung, die zu dem endlosen Kreislauf des Krieges führen, nicht länger hinnehmen.

Ich erzähle die Geschichte von Hunderten von Generationen von Menschen

Eines Tages sprach ich in Kalifornien mit einer Gruppe von Vietnam-Veteranen. Sie sagten: »Wir brauchen dich, um zu reden. Du gibst uns eine Stimme, hilfst uns herauszufinden, was wir tun müssen.«

Wenn ich spreche, dann erzähle ich, selbst wenn ich überwiegend meine eigene Geschichte erzähle, auch die Geschichte anderer, die kollektive Geschichte. Ich erzähle die Geschichte von Hunderten von Generationen von Menschen. Ich erzähle die Geschichte von Tausenden, von Hunderttausenden, von Millionen von Menschen. Die Geschichte, die ich erzähle, ist meine, aber sie ist nicht nur meine. Beim Erzählen kommt es nicht so sehr auf die Details der Geschichte an als vielmehr auf das Erzählen der Geschichte, die Essenz der Geschichte, mit der die Menschen Verbindung herstellen.

Ich zitiere aus Leslie Marmon Silkos Buch *Ceremony*: »›Ich werde euch etwas über Geschichten erzählen‹, sagte er. ›Sie dienen nicht bloß der Unterhaltung. Lasst euch nicht täuschen. Sie sind alles, was wir haben, wisst ihr, alles, was wir haben, um Krankheit und Tod abzuwehren. Ihr habt nichts, wenn ihr die Geschichten nicht habt. Das Böse ist mächtig, aber es kann es mit euren Geschichten nicht aufnehmen. Also versuchen sie, die Geschichten zu zerstören; sie bringen sie durcheinander oder lassen sie in Vergessenheit geraten. Das würde ihnen gefallen, das würde sie froh machen, denn dann wären wir schutzlos.‹ Er strich sich über den Bauch. ›Ich bewahre sie hier‹, sagte er. ›Komm, leg deine Hand darauf. Siehst du, es bewegt sich. Darin ist Leben für das Volk. Und in dem Bauch hier (ist Leben) für das Volk. Und in dem Bauch dieser Geschichte wachsen die Rituale und die Zeremonien noch immer heran. Wie sie gesagt hat: Das einzige Heilmittel, das ich kenne, ist eine gute Zeremonie, das hat sie gesagt.‹«

Tim O'Brien schreibt in seinem Buch *The Things They Carried*: »Eine gute Kriegsgeschichte hat keine Moral. Sie enthält keine Lehre, sie ermutigt nicht zur Tugend, sie bietet keine Vorbilder für anständiges Verhalten, sie hält Menschen nicht von dem ab, was Menschen immer schon getan haben. Wenn eine Geschichte eine Moral zu enthalten scheint, glaub sie nicht. Wenn du dich am Ende einer Kriegsgeschichte erbaut fühlst oder wenn du das Gefühl hast, dass ein winziges Stück Rechtschaffenheit aus dem großen Müllhaufen gerettet worden ist, dann bist du das Opfer einer sehr alten und abscheulichen Lüge geworden. Es gibt keine Rechtschaffenheit. Es gibt keine Tugend. Als erste Faustregel gilt: Eine wahre Kriegsgeschichte erkennst du daran, dass sie absolut und kompromisslos auf der Seite des Verabscheuungswürdigen und Bösen steht. Du erkennst sie daran, dass sie dich in Verlegenheit bringt. Wenn dich das Verabscheuungswürdige gleichgültig lässt, ist dir die Wahrheit gleichgültig; wenn dir die Wahrheit gleichgültig ist, gib Acht, wen du wählst. Wenn du Jungs in den Krieg schickst, kommen sie mit dreckigen Reden zurück ...«

Und er fährt fort: »In jeder Kriegsgeschichte, besonders in einer wahren, lässt sich das, was geschieht, schwer von dem unterscheiden, was zu geschehen scheint. Was zu geschehen scheint, wird sein eigenes Geschehen und muss entsprechend erzählt werden. Die Perspektiven verrutschen. Wenn ein verborgener Sprengsatz hochgeht, schließt du die Augen und duckst dich und spaltest dich von dir ab. Wenn jemand stirbt, wie Curt Lemon*, wendest du den Blick ab und siehst kurz wieder hin und siehst wieder weg. Die Bilder geraten durcheinander; du neigst dazu, eine Menge zu übersehen. Und hinterher, wenn du davon erzählst, gibt es immer diesen surrealen *touch*, der eine Geschichte unwahr erscheinen lässt, aber in Wirklichkeit die nackte Wahrheit darstellt, so wie sie erschien. In vielen Fällen kann man einer wahren Kriegsgeschichte keinen Glauben schenken. Wenn du sie glaubst, sei skeptisch. Es ist eine Frage der Glaubwürdigkeit. Oftmals ist das verrückte Zeug wahr, und das normale Zeug nicht, denn das normale Zeug ist nötig, um das wirklich unglaublich Verrückte glaubhaft erscheinen zu lassen. Dann gibt es Fälle, in denen du eine wahre Kriegsgeschichte nicht einmal erzählen kannst. Manchmal sind sie jenseits dessen, was erzählbar ist.«

Wenn ich meine eigene Geschichte erzähle, zwingt mich das dazu, nicht nur zu begreifen, was mir widerfahren ist und welche Folgen das hat, sondern es bringt mich auch mehr in Einklang mit der Realität der wechselseitigen Verbundenheit, mit dem, was Thich Nhat Hanh »Intersein« nennt. Ich habe verstanden, dass mir gewisse Ereignisse widerfahren und dass diese Ereignisse bestimmte Auswirkungen auf meine psychische und physische Existenz haben. Diese Ereignisse formen meine Existenz. Und deswegen kann ich mein Leben nicht frei leben.

* In Tim O'Briens Buch ist Curt Lemon eine fiktive Gestalt, er repräsentiert den typischen, gewöhnlichen Kriegssoldaten.

Ich lebe mein Leben, wie es mir von der Natur dieses Leidens diktiert wird. Wenn ich also eine gewisse Wahlmöglichkeit und Freiheit in meinem Leben haben möchte, muss ich zu der Realität dieser Erfahrungen erwachen, muss ich erkennen, wie diese Erfahrungen mein Leben bestimmen und sehen, wie ich diese Erfahrungen ausagiere oder wie sie durch meine Person ausagiert werden, und dann muss ich meine Verantwortung für all das übernehmen.

Indem ich mir der Realität meines Lebens zunehmend bewusst werde, gebe ich nicht länger anderen die Schuld.

Ich kann mich auf dieser Reise sehr allein fühlen, denn es ist eine Reise, die ich nur allein unternehmen kann. Doch ich muss sie nicht isoliert von anderen machen. Geschichten zu erzählen, sie miteinander zu teilen, kann zum Entstehen von Gemeinschaft führen. Zu einer liebevollen Gemeinschaft, die sich dem Ziel widmet, das Leben wahrhaft anders zu leben. Diese Gemeinschaft von gleichgesinnten Menschen (*sangha* in der Sprache des Buddhismus) kann dann wiederum andere unterstützen und ihren Prozess des Erwachens befördern. Diese Verbindung kann und wird sich auf vielerlei Weise manifestieren. Manchmal durch gemeinsames Sitzen. Manchmal durch Halten und Berühren, durch Fürsorge. Manchmal, indem wir miteinander reden. Manchmal, indem wir als Vorbild dienen. Manchmal durch konkrete Friedensarbeit.

Wenn wir eine Verbindung herstellen, indem wir uns mit anderen zusammenfinden und über unsere Erfahrung sprechen, erzählen wir einander nicht die guten Geschichten. Wir erzählen stattdessen die Wahrheit, wir erzählen, was wir fühlen, was wir erleben. Wenn wir diesen Prozess beginnen, müssen wir uns von jedem Gedanken, unser Leiden zu »bewältigen« oder »in den Griff zu bekommen« verabschieden. Das Leiden muss mit anderen erfahren und geteilt werden. Gemeinsam sind wir viel stärker als allein. Wir sind alle wechselseitig miteinander verbunden. *Ich bin nicht anders als du:* Indem du leidest, leide ich; indem du heil wirst, heile ich. So können wir Brücken wiedererrichten, Häuser wieder aufbauen, Leben wieder ermöglichen. Durch diesen Prozess können wir lernen, mit dem größeren Ganzen in Harmonie zu leben.

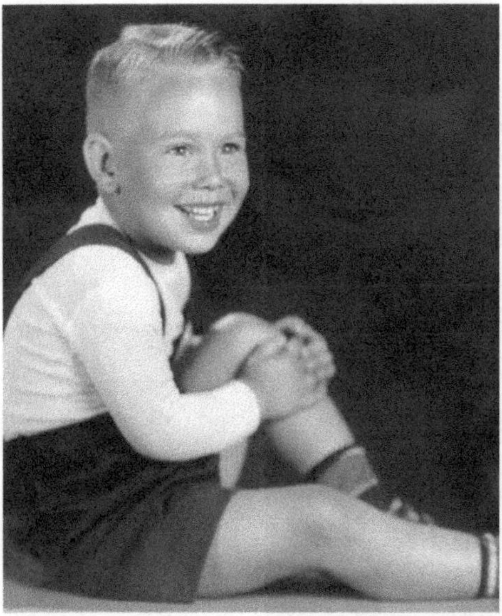

Der Autor mit 4 Jahren

Bei der Einberufung in die Armee mit 17 Jahren

In Vietnam, 18 Jahre alt

Bei der Gehmeditation mit Thich Nhat Hanh, 1992

Bill Ledger

Mit einem Flüchtlingskind in Kroatien während des Balkankrieges, 1994

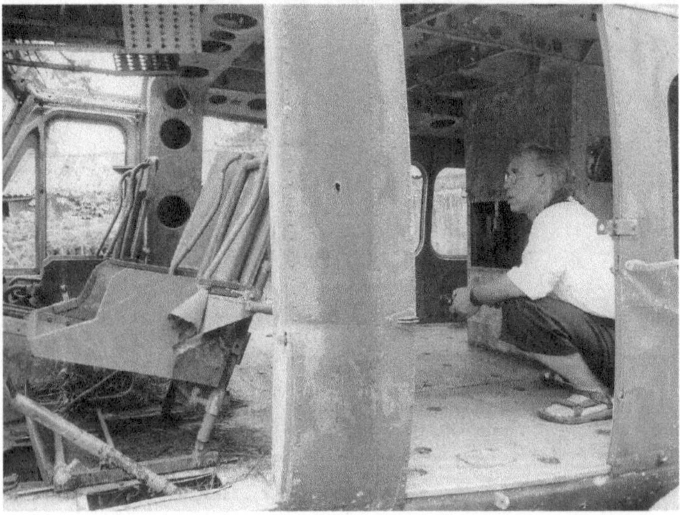

Bill Ledger

An Bord eines Hubschrauberwracks in Pleiku, Vietnam, 1995

Bill Ledger

In einer jüdischen Siedlung im Westjordanland, 1995,
während einer Pilgerreise für den Frieden
(den Stab einer buddhistischen Gebetsfahne haltend)

Bill Ledger

Mit palästinensischen Soldaten in einem Flüchtlingslager auf einer Pilgerreise für den Frieden

Rechte Seite oben:
Die Pilgerreise führt auch durch Kansas, wo Polizisten Claude AnShin Thomas befragen und den Weg weisen.

Tobias Klutke

Während der Zen-Pilgerreise durch die USA verneigt sich Claude AnShin Thomas vor einer Nachbildung des Denkmals für Veteranen des Vietnamkriegs. Hamzah schaut zu.

Rechte Seite unten:
Der Weg durch Utah, auf der Zen-Pilgerreise durch die USA

Tobias Klutke

Tobias Klutke

Während eines Straßen-Retreats (d. h. auf der Straße leben als spirituelle Praxis) in New York City, 1994

Kapitel 5 Gehen, um zu gehen

Im Dezember 1994 begann ich meine Pilgerreise von Auschwitz nach Hiroshima, eine Reise von achttausend Kilometern. Sie begann vor den Überresten eines Krematoriums im Konzentrationslager Auschwitz-Birkenau, wo ich die Laienordination (Jukai) im Zen-Peacemaker-Orden erhielt, und endete im Juli 1995 in Vietnam. An dieser Pilgerreise nahmen viele Menschen teil, und wo unser Weg uns auch hinführte, kamen wir durch Gebiete vergangenen oder gegenwärtigen Leidens, vergangener oder gegenwärtiger Kriege, vergangener oder gegenwärtiger Konflikte.

Ich unternahm den Marsch, um die Natur meines eigenen Leidens zu berühren. Ich wollte meine Perspektive erweitern, mein Verständnis überprüfen, die Wirklichkeit der Mehrheit der Menschen auf der Welt berühren und damit Zeugnis ablegen – einer der *Drei Grundsätze* des Zen-Peacemaker-Ordens.

Diese Pilgerreise für den Frieden und das Leben war meine allererste, doch seitdem habe ich regelmäßig Orte aufgesucht, an denen gekämpft wird. Ich verbringe außerdem Zeit auf der Straße – mit Obdachlosen, mit Entrechteten, mit Ausgegrenzten –, an Orten, wo Menschen leiden. Als ich im Jahre 1995 von Bernard Tetsugen Glassman Roshi ordiniert wurde, legte ich die Gelübde eines Bettelmönches ab. Ein Bettelmönch ist jemand, der keine Besitztümer haben darf, nicht in einem Kloster oder auf unbegrenzte Zeit in einer festen Behausung lebt und der keiner einträglichen Arbeit nachgeht. Ein Bettelmönch verpflichtet sich zum Wandern. Und wohin ich auch wandere, trage ich diese Praxis.

Unter einer Pilgerreise verstehen wir im Allgemeinen eine lange Reise zu einem Ort der Andacht oder an einen heiligen Ort, und unter einem Pilger verstehen wir jemanden, der eine solche Reise an einen solchen Ort unternimmt. Diese Definition macht die Pilgerreise zu etwas Externem: Der heilige Ort ist außerhalb meiner selbst angesiedelt; für die Andacht muss ich einen anderen Ort aufsuchen. Ich selbst bin inzwischen zu einem völlig anderen, viel persönlicheren und intimeren Verständnis dieses Prozesses gelangt. Durch mein Studium der Lehren Buddhas begreife ich eine Pilgerreise inzwischen als Reise zu umfassender Selbsterkenntnis. Der heilige Ort ist das Selbst, nicht ein externer, äußerer Ort; und die Pilgerreise, der lange Marsch zu einem heiligen Ort, ist genau diese Reise. Bei einer Pilgerreise geht es nicht vorrangig um das Gehen oder Wandern, obwohl es häufig damit verknüpft ist. Es geht auch nicht darum, ob wir den Bus oder das Flugzeug nehmen, um an einen bestimmten Ort zu gelangen. Es geht darum, was uns hilft oder ermutigt, unser Selbst tiefer und genauer zu ergründen.

Die ersten vier Tage dieser Pilgerreise verbrachte ich fastend und rezitierend in Birkenau. Während ich die Tore des Lagers, die Baracken, den Stacheldraht, die Wachtürme betrachtete, verstand ich unter anderem, dass Birkenau sich auch heute noch, jeden Moment, wiederholen kann, weil es nicht der Vergangenheit angehört – es existiert jetzt. Ich musste diese Realität berühren und annehmen und durfte nicht in dem Teil meiner selbst verharren, der Birkenau möglich macht. In diesen Tagen dort wurde ich mir nicht nur des Leidens der Gefangenen in den Lagern zutiefst bewusst, sondern auch des Leidens all der Menschen, die während des Krieges in Birkenau und anderen Lagern als Wachleute beschäftigt gewesen waren. Ich musste auch ihr Leiden betrachten, durfte mich nicht nur auf das Leiden der Gefangenen beschränken. Ich musste den Wächter in mir erkennen. Wenn ich mich als von dem Wächter verschieden betrachte, wird es ein weiteres Birkenau geben. Doch das wird auch geschehen, wenn ich mich als verschieden von den Juden oder den anderen Menschen, die in Birkenau gefangen und ermordet wurden, betrachte: von den Kommunisten, den Gewerkschaftern, den Homosexuellen, den politischen Dissidenten, allen, die von den Nazis als Bedrohung aufgefasst wurden.

Eine weitere wichtige Erfahrung war der Anblick einer Mauer zwischen zwei Gebäuden im Lager Auschwitz 1. Sie wird die »Exekutionsmauer« genannt, zu der Juden und andere Gefangene geschleppt und erschossen wurden. Ich ging zu dieser Mauer hin, betrachtete sie einen Moment und drehte mich dann um und sah mich selbst als eines der Exekutionsopfer. Dann ging ich in die andere Richtung, drehte mich um, blickte zu der Mauer hinüber und sah mich selbst als einen der Exekutierer. Weil ich in Wirklichkeit beides bin. Im Krieg gibt es keine Trennung zwischen beidem. Auch wenn wir unbedingt einen Unterschied zwischen dem Guten und dem Bösen machen wollen, so existiert dieser Unterschied letztlich nicht. Es ist wahr, dass die Nazis und die Juden verschieden waren, doch ich muss auch erkennen, inwiefern sie nicht verschieden sind, wie in jedem von uns das Potenzial steckt, beides zu sein.

Eines Tages ging ich an dem Fluss in Auschwitz entlang, ließ mich irgendwo nieder und fragte mich, was es wohl bedeutet haben musste, als Polin oder Pole während des Krieges in dieser Stadt gelebt zu haben, im Bewusstsein dessen, was in dem Lager vor sich ging – jeden Morgen zu frühstücken, zur Arbeit zu gehen, Mittag zu essen, nach Hause zu kommen und zu Abend zu essen – und die Gegebenheiten des Lagergeschehens als Normalität zu erleben. Was für Folgen hatte dies auf die Menschen, die vor Ort lebten? Es muss schrecklich gewesen sein, in einem derartigen Zustand der Verleugnung und der Fühllosigkeit zu leben. Für mich ist es immer noch furchtbar, da diese Art emotionaler Dumpfheit der Ausbeutung, dem Missbrauch und der Gewalt gegenüber sich in unserer Gesellschaft bis heute fortsetzt. Es ist mir unmöglich, die Augen vor diesem Leiden zu verschließen, sei es in Ruanda oder Bosnien oder an einem Ort der industrialisierten Welt.

Bei einer anderen Gelegenheit während unseres Lageraufenthalts suchten wir den Ort auf, an dem der Lagerkommandant am Ende des Krieges gehängt worden war. An dem Abend stellte ich vor einer Gruppe, in denen die meisten Juden und Jüdinnen waren, die Frage: »Worin besteht der Unterschied, ob wir einen Juden oder den Lagerkommandanten hängen?« Es gibt keinen Unterschied. In beiden Fällen trennen wir uns von dem anderen, damit wir ihm das Leben nehmen können. Wenn wir eine Welt schaffen wollen, in der Auschwitz nicht möglich ist, müssen wir uns anders verhalten als diejenigen, die es geschaffen haben. Das wurde mir in jenem Augenblick klar. Das ist für mich das Herzstück eines engagierten Buddhismus: nach Wegen zu suchen, die Dinge anders zu tun. Und dieser Weg beginnt mit meiner eigenen Entschlossenheit, mein Leben anders zu leben. Durch die Praxis der Meditation, gestützt von den Lehren Buddhas, bin ich in der Lage, mir mein anerzogenes Verhalten in meinem Leben anzusehen. Je mehr ich mich diesem Prozess verschreibe, je geübter ich darin werde, desto klarer wird das, was ich zu tun habe.

Uns alle eint das Menschsein

Diese Pilgerreise dauerte acht Monate und führte mich durch einundzwanzig Länder. Ich stellte fest, dass die Probleme, vor denen die Menschheit steht, die Art und Weise, wie sich Leiden manifestiert, sich von Land zu Land nicht groß unterscheiden. Wir neigen zu der Ansicht, dass die Menschen diese oder jene Charakteristika aufweisen, weil sie dieser oder jener Nationalität angehören, aber uns alle eint das Menschsein. Selbstsucht, Gier, Unglück, Depression, Entfremdung gibt es in ähnlicher Ausprägung in allen Ländern, und die Menschen versuchen auf sehr ähnliche Art und Weise damit umzugehen – durch Ablenkung. Unsere materialistische Weltsicht hält durch die Anhäufung von Dingen eine der ausgeprägtesten Formen der Ablenkung bereit. Je mehr Dinge ich besitze, desto weniger muss ich mich auf mich selbst konzentrieren. Es ist interessant zu beobachten, wie wir noch an den kleinsten Dingen haften können, die wir besitzen. Eine der wichtigsten Entdeckungen auf jener Pilgerreise war für mich Folgendes: Je wohlhabender die Menschen waren, desto weniger gaben sie. Und je weniger die Menschen besaßen, desto großzügiger gaben sie. Auf unserem Weg durch Polen erlebten wir die Menschen als außerordentlich gastfreundlich und großzügig. Die Gastfreundlichkeit nahm ab, je näher wir Österreich kamen, einem ziemlich reichen Land im Vergleich zu Polen oder Tschechien, beides Länder, die eben erst die Armut überwinden. Als wir nach Kambodscha gelangten, erlebten wir eine unglaubliche Großzügigkeit, und dabei besitzen die Menschen dort materiell gesehen weit weniger als die Osteuropäer. Doch wohin auch immer wir in Kambodscha kamen, es mangelte uns nie an einem Dach über dem Kopf, an Essen oder an Wasser. Wir hatten gehofft, Serbien durchwandern zu können, doch diejenigen, die die Genehmigung dazu besaßen, wurden noch innerhalb der ersten vierundzwanzig Stunden ihrer Wanderschaft ausgewiesen. In der westlichen Welt gelten die Serben als die Bösewichter, aber die Serben sind in absolutem Sinne gesehen weder gut noch böse; ein immenses Leiden verzehrt sie, und sie wissen nicht, wie sie damit umgehen sollen, also agieren sie es aus. Wir konnten jedoch durch Bosnien wandern. Wir sind von Split nach Mostar gegangen, wo wir sechs Tage blieben. Wir haben einen Tag auf der Ostseite des Flusses verbracht und gebetet, gefastet und rezitiert, und viele Menschen haben sich zu uns gesellt. Doch es gab auch einige Probleme. Wir hatten einen Altar mit einer Buddha-Statue, einem christlichen Kreuz und einigen anderen Dingen bei uns. Irgendwann kam ein Auto in rasantem Tempo auf uns zugefahren, ein Mann sprang aus dem Wagen und rannte auf diesen Altar zu. Er schnappte sich die Buddha-Statue, warf sie zu Boden und sagte, es gebe kein höheres Wesen als Allah. Wir verneigten uns und rezitierten und beteten weiter, und als der Mann fort war, hoben wir die Statue auf, säuberten sie und stellten sie auf den Altar zurück. Kurz darauf erschien ein weiterer Mann. Er ergriff das Kreuz und warf es zu Boden. Wir verneigten uns, lächelten und rezitierten weiter. Als der Mann fort war, hoben wir das Kreuz wieder auf, säuberten es und stellten es auf den Altar zurück. Etwa zehn Minuten später erschien jemand mit einem Koran und fügte ihn den Dingen auf dem Altar hinzu. Danach hatten wir keine Probleme mehr. Es war sehr schwierig – herausfordernd, schmerzlich und erschreckend, und gleichzeitig doch sehr wichtig, dass die Menschen, die die Buddha-Statue und das Kreuz zu Boden geworfen hatten, einen Ort fanden, an dem sie ihr Leiden ausdrücken konnten, denn ihr Leiden ist immens groß.

Ich bin von denen, die gestorben sind, ermächtigt

Ende Mai trafen wir in Vietnam ein. Es war das erste Mal, dass ich nach meiner Zeit als Soldat dorthin zurückkehrte. Als wir am Flughafen von Ho-Chi-Minh-Stadt ankamen, demselben Flugplatz, auf dem ich als Soldat gelandet war, stellte ich fest, dass sich nicht viel verändert hatte: Es wimmelte noch immer überall von bewaffneten Soldaten und gepanzerten Fahrzeugen, doch nun waren es keine Amerikaner, sondern Vietnamesen. Als ich das Flugzeug verließ, fragte ich mich: »Warum bin ich hier? Ich habe für Vietnam getan, was ich tun konnte. Ich habe tief in die Natur meiner selbst geblickt und mein Leiden in Hinsicht auf Vietnam berührt. Warum bin ich hier?«

Die bürokratischen Mühlen am Einreiseschalter mahlten äußerst langsam. Die Beamten lächelten nicht, sie schienen sehr unglücklich zu sein. Als ich die Reserviertheit, die Kälte dieser Menschen berührte, berührte ich zugleich meine Angst, denn als ich die Vietnamesen ansah, sah ich gleichzeitig mich selbst an. Ich kenne diese Kälte, diese Distanziertheit. Sie ist eine Mauer, die ich zwischen mir und anderen errichte, um mich zu schützen, und sie ist eine Illusion. In diesem Zustand knüpfe ich keine Verbindung mit anderen, ich bin in meinem Leiden gefangen, und meine Angst macht mich kalt und reserviert. Meine Angst, man könne entdecken, wer ich wirklich bin, meine Angst, man könne über mich richten, missbilligen, wie ich bin.

Wenn ich in Achtsamkeit lebe, einatme und ausatme, verliert all das an Bedeutung, denn dann bin ich in der Lage, zu meiner Angst in Beziehung zu treten. Ich muss mich nicht länger vor ihr verstecken, und ich muss nicht länger vorgeben, sie nicht zu verspüren. Ich kann eine Beziehung zu anderen aufnehmen. Ich kann ihr Menschsein sehen. Ich kann in Frieden mit mir sein und somit auch in Frieden mit anderen Menschen.

Als ich den Vietnamesen ins Gesicht sah, den bewaffneten Soldaten mit den roten Sternen an den Uniformen und den Maschinenpistolen in den Händen, erblickte ich den Feind. Und ich vermute, dass sie ebenfalls den Feind erblickten, als sie mich ansahen. Ich spürte, wie ich starr, aggressiv, angespannt wurde; ich forderte sie heraus, stellte ihre Bürokratie in Frage, agierte mein Leiden aus. In dem Augenblick lebte ich in Unachtsamkeit, in Achtlosigkeit. Doch mein eigenes Tun wurde zu einer Glocke der Achtsamkeit für mich, die mich zu meinem Atem zurückführte. Ich verankerte mich mehr und mehr im gegenwärtigen Augenblick und war in der Lage, direkten Kontakt mit meinem Leiden aufzunehmen, damit es mich nicht beherrschte; ich agierte mein Leiden nicht durch Gewalt und Aggression aus. Als ich zu meinem Atem zurückkehrte und die vietnamesischen Soldaten auf dem Flughafen sah, sah ich mich selbst in ihnen. Ich sah mich wieder als Soldaten in Vietnam. Ich sah mich in ihnen, darauf getrimmt, nicht zu fühlen. Seit ich ordiniert wurde, besteht meine Aufgabe darin, mit denjenigen zu sprechen, die zornig sind, ihr Leiden und das Leiden, das sie in mir wecken, zu berühren. Meine Gelübde sind mir Ermächtigung und Ermutigung auf diesem Weg.

Ich besuchte einen Ort namens Nah Trang, eine Stadt am Meer, die kaum von schweren Kämpfen heimgesucht worden war. In Nah Trang war ein militärisches Hauptquartier gewesen, es war ein Ort, an dem kriegsrelevante Entscheidungen getroffen worden waren. Ich suchte diesen Ort auf, um zu sitzen und zu atmen, um eine Zeremonie abzuhalten zur Nährung der Hungrigen Geister, ob lebendig, tot oder dazwischen verweilend.

Eines Abends begab ich mich zu einer Gehmeditation an den Strand, ich atmete ein und atmete aus, und plötzlich war ich ungeheuer zornig. Nah Trang ist ein wunderschöner Ort mit eleganten Gebäuden im französischen Kolonialstil, Stränden mit feinem weißen Sand, Palmen; das Wasser ist warm und von einem intensiven Blau, und es gibt wunderbare Wellen zum Surfen. Ich dachte an die Soldaten, die während des Krieges hier gewesen waren, die nicht selbst im Gefecht gewesen waren, die nicht im Dschungel gewesen waren, nie jemanden hatten krepieren sehen, niemanden getötet hatten, stets genug zu essen gehabt hatten, und ich verspürte heftige Wut.

»Diese Menschen nennen sich Vietnam-Veteranen! Urlaub haben sie gemacht!« Die Emotion, die ich berührte, war unglaublich machtvoll, und es war außerordentlich wichtig für mich, zu diesen Gedanken, Gefühlen und Wahrnehmungen, die ich seit Jahren unterdrückt hatte, Zugang zu finden. Wenn ich keinen Zugang zu solchen starken Emotionen finde, kann ich sie nicht ausdrücken. Wenn ich nicht willens bin, sie wahrzunehmen, sie zu berühren, mit ihnen zu Abend zu essen, werden diese Gefühle weiterhin mein Leben beherrschen. Was sich im Dschungel verbarg, war immer gefährlicher als das, was wir sehen konnten. Mit unseren Gefühlen verhält es sich ähnlich. Wenn wir unsere Gefühle erkennen und sie ins Bewusstsein holen, können sie unsere guten Absichten nicht unterlaufen, unseren Wunsch, mit liebender Güte zu handeln. Solange sie im Verborgenen lauern, ist unseren Absichten und Taten nicht zu trauen.

Neben dem Zorn empfand ich lange Zeit große Schuldgefühle, weil ich überlebt hatte. Wieso hatte ich überlebt, wenn doch so viele andere nicht überlebt hatten? Durch die Übung der Achtsamkeit verwandelt sich die Schuld des Überlebenden allmählich in ein enormes Verantwortungsbewusstsein. In dem Wissen, dass ich überlebt habe, dass ich nicht tot bin, bin ich von denjenigen, die gestorben sind, ermächtigt worden. Ich habe eine enorme Verantwortung für jeden einzelnen Menschen, der je im Krieg gestorben ist, in jedem einzelnen Krieg zu jeder Zeit, an jedem Ort. Für jeden amerikanischen Soldaten, der gestorben ist, für jeden südvietnamesischen Soldaten, Zivilisten oder Vietkong-Soldaten, der gestorben ist – für jeden Menschen, der je in diesem oder einem anderen Krieg gestorben ist, empfinde ich eine innige Verantwortung, weil sie alle in mir sind. Eine innige Verantwortung, weil ich durch den Tod dieser Menschen, durch ihr Opfer die Bewusstheit erlangt habe, dass Krieg, dass Gewalt keine Lösung sind, dass Krieg und Gewalt niemals eine Lösung sind.

Auch der Buddha war auf Pilgerschaft

Die Geschichte des Buddha zeigt uns, dass auch der Buddha auf Pilgerschaft gewesen ist. Er ist umhergewandert, ermunterte die Menschen zu erwachen, ihr Leben auf andere Weise zu leben. Das ist sozial engagiertes Handeln. Auch Jesus war ein Aktivist. Darum ging es in seinen Lehren: spirituelle Prinzipien an andere weiterzugeben, die sie sich zu Eigen machten. Das ist soziales Engagement in seiner reinsten Form. Es gibt viele Arten, wie wir uns sozial engagieren können – beispielsweise indem wir eine Suppenküche einrichten oder in einem Aids-Hospiz arbeiten –, und ich persönlich bin froh, helfen zu können, auf welche Weise es auch immer mir möglich ist. Und dennoch liegt die wirkungsvollste Form sozialen Engagements für mich immer noch darin, die Lehren Buddhas zu verkörpern und sie weiterzutragen, sie Menschen als Werkzeug zu geben, das sie nutzen können, um spirituelle Prinzipien in ihr Alltagsleben einzubringen.

Ich bin schon oft gefragt worden: »Warum gehst du? Was ist dein Ziel?« Und ich antworte, indem ich sage: »Ich gehe, um zu gehen.« Die Menschen finden es schwierig, das zu begreifen. Es ergibt keinen Sinn; es erfüllt keinen Zweck; es erscheint selbstsüchtig. Doch die Essenz der Praxis, wie ich sie begreife, liegt darin, zu gehen, um zu gehen. Wenn ich eine Absicht verfolge, dann kann das Unbekannte nicht mein Lehrer sein, dann kann ich nicht wahrhaftig im gegenwärtigen Augenblick sein. Wenn ich damit beschäftigt bin, mein Ziel zu erreichen, dann kann ich all den Reichtum, den das Leben mir im gegenwärtigen Augenblick bietet, nicht sehen; ich bin nicht da. Ich habe mich auf die Pilgerreise von Auschwitz nach Hiroshima gemacht, um Frieden zu üben, um Frieden zu sein, aber ich bin nicht eigens um des Friedens willen gegangen. Wenn ich eine vorgefasste Meinung vom Wesen des Friedens habe, dann bin ich vielleicht niemals in der Lage, daran teilzuhaben. Frieden ist keine Idee, Frieden ist keine politische Bewegung, weder eine Theorie noch ein Dogma. Frieden ist eine Lebensweise: achtsam im gegenwärtigen Augenblick zu leben, zu atmen, jeden Atemzug zu genießen. Frieden erwächst, Frieden ist etwas, das in jedem Augenblick neu entsteht.

Wenn ich auf Pilgerschaft bin, begegne ich unterwegs Menschen. Ich rede mit ihnen. Ein Thema, über das ich mit ihnen rede, ist Heilung und die Tatsache, dass diese mit uns selbst beginnt. Und wenn wir selbst heil werden, manifestiert sich die Heilung allmählich in der Familie, in der Gemeinschaft. Sie setzt sich fort wie die Kreise, die du auf der Wasseroberfläche erzeugst, wenn du einen Stein in einen See wirfst. Das erfuhr ich am eigenen Leib. Die Kreise der einen Pilgerreise führten alsbald zu einer weiteren.

In Amerika tut man so was nicht

Nach der Pilgerreise von Polen nach Vietnam wollte ich eine weitere in Afrika unternehmen. Als ich über diese neue Pilgerreise zu sprechen begann, wurde mir plötzlich etwas ganz klar: Ich war nie in Amerika gewandert. Ich musste in meinem Heimatland auf Pilgerschaft gehen. Ich wandte mich an Bernard Tetsugen Glassman Roshi und sagte: »Weißt du, ich spiele mit dem Gedanken, eines Tages, irgendwann, vielleicht einmal Amerika zu durchwandern. Ich weiß noch nicht so genau.« Dann verschwand ich.

Als ich drei Wochen später zurückkehrte, begrüßten mich verschiedene Mönche mit den Worten: »AnShin, welch eine wunderbare Idee von dir. Das ist ja unglaublich.« Und ich sagte: »Was? Wovon redet ihr?« Sie antworteten: »Die Pilgerreise, die du vorhast.« So verwandelte ich mich im Kopf des Menschen, der mich ordiniert hatte, von der zaudernden Person mit einer vagen Idee zu der Person, die einen Plan in die Tat umsetzte. Anfangs war ich ärgerlich, weil ich meine Entscheidung doch noch gar nicht getroffen hatte, doch indem ich diesen Ärger nicht ausagierte, war ich in der Lage zu erkennen, dass dies der Anstoß war, der mir gefehlt hatte. Also traf ich meine Entscheidung. Ich würde mir einen Rucksack aufsetzen und losmarschieren. Quer durch die Vereinigten Staaten.

Wir starteten in Yonkers im Bundesstaat New York am 1. März 1998 und erreichten Albany in Kalifornien am 28. Juli. Wir wanderten die Route 9 entlang, das heißt den Broadway von Yonkers bis zur 178. Straße und dort über die George Washington Bridge. Bis zur 178. Straße hatten wir eine Menge Gesellschaft. Und auch noch, als wir begannen, über die Brücke zu gehen. Doch als wir uns dem Scheitelpunkt der Brücke näherten, waren alle anderen fort. Nur wir sieben, die sich für diese Pilgerwanderung entschieden hatten, setzten ihren Weg fort; vier von uns vollendeten diese Reise – Tobias, Wiebke, Hamza und ich.

Wir wanderten mitten durch das Herz des Landes, durch das ländliche Amerika. Zwischen Hacketstown, New Jersey, und Peoria, Illinois, hatten die Orte, in denen wir Halt machten, zwischen achtzig und dreitausend Einwohnern. Und wenn wir eine Stadt mit dreitausend Einwohnern erreichten, erschien sie uns riesig. Wir wanderten fünfundzwanzig bis fünfzig Kilometer am Tag. Wir wanderten ohne Geld und ohne Begleitfahrzeug; wir trugen unser Gepäck auf dem Rücken. Wir wanderten ungeachtet von Regen, Schnee, Eiseskälte oder größter Hitze – wir wanderten.

Zu Beginn der Pilgerreise – an der Ostküste, in New Jersey, Pennsylvania, Ohio – wurden wir des Öfteren von der Polizei angehalten. Im Landesinneren geschah das seltener. Am häufigsten hielt uns die Polizei in Ohio an. Die Leute riefen bei der Polizei an und sagten: »Da draußen wandern Leute die Straße entlang.« Es klingt komisch, aber in den Vereinigten Staaten gehen die Leute gewöhnlich nicht zu Fuß; normalerweise sind sie mit dem Auto oder dem Bus oder mit dem Flugzeug unterwegs. Sie machen sich nicht zu Fuß auf den Weg oder auf Pilgerreisen.

Wir gingen hunderteinundfünfzig Tage. Es gab von Anfang an keinen vorgefassten Plan, keine im vorhinein getroffenen Arrangements. Wir machten uns jeden Morgen aufs Neue auf den Weg, ohne zu wissen, was uns erwartete. Ich könnte unsere Wanderung eine »Querfeldein ziehen und um Almosen bitten«-Pilgerreise nennen. In der Soto-Zen-Tradition, in der ich ordiniert wurde, wird diese Übung *takuhatsu* genannt, was »um Almosen bitten« bedeutet. In dieser Tradition wandern wir ohne Geld und bitten um alles, was wir brauchen. In der traditionellen *takuhatsu*-Praxis sagt man nichts – man steht einfach nur mit einer Schüssel da und nimmt, was man bekommt. Ich habe diese Praxis für Amerika etwas abgewandelt – ich dachte, wenn wir nicht verbal ausdrücken, was wir brauchen, stehen wir womöglich tagelang vor einer Kirche und die Leute verstehen immer noch nicht, warum wir da sind. Wenn wir nicht gesprochen hätten, hätten wir außerdem wohl noch häufiger mit der Polizei zu tun bekommen.

In den Vereinigten Staaten tut man so etwas nicht. In diesem Land unternehmen die Leute nur selten Pilgerreisen. Ich kenne einige wenige Menschen, die verschiedene Arten von Pilgerreisen quer durch das ganze Land gemacht haben – gehend oder laufend oder mit dem Fahrrad. Eine Frau mit Namen Peace Pilgrim ist jahrelang kreuz und quer durch das Land gezogen. Sie trug ein Gewand mit einem großen Friedenszeichen darauf, und alles, was sie besaß, befand sich in den Taschen dieses Gewandes. Sie wurde von der Freigebigkeit der Menschen unterstützt, denen sie unterwegs begegnete. Das war ihr Leben. Doch spirituelle Pilgerreisen sind sehr selten.

Auf Pilgerschaft gehen ist als spirituelle Übung in Asien und in Europa weiter verbreitet. Es ist eine sehr, sehr machtvolle Praxis, und das, was man auf einer Pilgerreise erfährt und erlebt, ist schwer zu vermitteln. Vor der Natur des eigenen Leidens gibt es bei dieser Übung kein Entrinnen. Wenn du gehst, wirst du fortwährend mit der Natur deines Selbst, deinen Anhaftungen, deinem Widerstand konfrontiert. Du wirst mit dem konfrontiert, an dem du um der Illusion von Sicherheit willen haftest. Wenn du dabei weiterhin an diesen Dingen festhältst, wirst du einen ziemlich hohen Preis dafür zahlen. Du wirst nicht nur körperlich Schaden nehmen, sondern in einem fortwährenden Zustand des Unglücklichseins verharren, weil du beständig gegen die Praxis ankämpfst und versuchst, sie irgendwie zu steuern. Sinn und Zweck dieser Praxis ist es, loszulassen – alle Erwartungen fallen zu lassen, alle Anhaftungen loszulassen und sich einzig mit dem zu befassen, was in dem Augenblick gegenwärtig ist. Auf diese Weise zu leben heißt, die Wirklichkeit des Lebens zu leben, das Unbekannte zu leben, das Unbekannte zu durchdringen, dem Unbekannten zu erlauben, dein Lehrer zu werden. Es bedeutet, sich ohne Erwartungen auf das Unbekannte einzulassen und sich dann auf das einzulassen, was da ist. Auf unsere Situation übertragen heißt das: Wenn du keinen Ort zum Übernachten hast, wenn du nichts zu essen bekommst, dann musst du mit dieser Wirklichkeit fertig werden.

Wann immer wir eine Stadt erreichten, suchten wir die verschiedenen religiösen Einrichtungen auf und baten um einen einfachen Schlafplatz und etwas zu essen. Wie man sich denken kann, gibt es zwischen New York und Denver nicht allzu viele buddhistische Einrichtungen, also klopften wir an die Türen jedweder religiösen Einrichtung, die wir vorfanden – wir gaben ihnen allen die Möglichkeit, ihrer spirituellen Überzeugung gemäß zu leben. Wir machten keinen Unterschied. Wir sagten nicht: »O nein, hier nicht – nur dort.« Wir klopften überall. Wir baten um eine einfache Übernachtungsmöglichkeit und ein einfaches Mahl, und wenn man uns überall abwies, schliefen wir eben draußen und hatten nichts zu essen. »Ist das vorgekommen?«, werde ich häufig gefragt. Die Antwort lautet: »Natürlich, aber es geschah nicht so oft, wie ich gedacht hatte, und es geschah nicht dort, wo ich damit gerechnet hatte.«

Ohio erwies sich als der schwierigste Bundesstaat auf unserer Wanderung. Während der gesamten Zeit, die wir benötigten, um den Staat zu durchqueren, öffneten nur vier

Kirchen ihre Türen für uns. Doch Ohio war nicht der einzige Bundesstaat, in dem wir häufig abgewiesen wurden. In einer Stadt in Pennsylvania wurden wir an jeder Kirche abgewiesen, und zwar inmitten eines eisigen Regensturms, der sich in ein Schneetreiben verwandelte. Wir endeten schließlich in einem Schweinestall auf einem Ausstellungsgelände. Und dies entpuppte sich als eine der wunderbarsten Nächte, die wir erlebten. Ich war so dankbar für den Unterschlupf. Zum Glück mussten wir uns den Stall nicht mit den Schweinen teilen – sie waren bereits alle fort. Es war zudem eine sehr wichtige Nacht für uns, denn bis zu jenem Tag hatten wir fortwährend Kost und Logis erhalten, und die Mitglieder der Pilgergruppe begannen die Gaben für selbstverständlich zu nehmen. Als uns nun jedoch alle abwiesen, geriet die Gruppe in Panik, und dann keimte das Leiden. Empörung, rechtschaffene Empörung, wallte auf. Und dann übertrug sich das Leiden in der Gruppe, und wir begannen zu debattieren und zu streiten und wurden verdrossen, in uns gekehrt, gereizt. Doch durch diesen Prozess lernten wir, wie wichtig es ist, nicht das Geringste für selbstverständlich zu nehmen.

In den Unterweisungen des Buddha erfahren wir eine Menge über das Thema Anhaftung – Anhaftung an Dinge, Anhaftung an Ideen und das Loslassen von Anhaftungen. Die Pilgerreise bot uns tagtäglich Gelegenheit, uns diese Lehren zu vergegenwärtigen. Schon allein die Wirklichkeit des Gehens bot uns dazu reichlich Gelegenheit. Wir wanderten bei Temperaturen unter dem Nullpunkt, so dass das Wasser in unseren Trinkflaschen gefror. Ich trug ein Glas Arnika bei mir, eine Kräutertinktur gegen Verstauchungen, und sie gerann zu einer Paste. Wir durchwanderten die Wüsten Nevadas bei Temperaturen von über vierzig Grad. Doch interessanterweise legten wir unter den extremsten

Bedingungen die längsten Strecken zurück. In der Wüste wanderten wir oft nahezu fünfzig Kilometer am Tag. Und wir taten es mit Freude.

Wir legten fast fünf Kilometer in fünfzig Minuten zurück. Das ist ein ziemlich flottes Tempo, besonders wenn man Gepäck trägt und von zweitausend auf über dreitausend Meter steigt. Schon allein das Tempo bot uns Gelegenheit, uns unseres Atems intensiv bewusst zu sein, denn natürlich spürten wir, dass wir atmeten. Es war schwer. Das Tempo brachte uns in Berührung mit unserem Atem, mit unserem Widerstand, mit unseren Anhaftungen, mit unseren Grenzen. Wenn Sie denken, Sie hegen keine Anhaftungen oder Erwartungen – schließen sie sich einer Pilgerreise an, dann wird Sie die Erfahrung rasch eines Besseren belehren.

Die körperlichen Anforderungen des Marsches waren nicht der einzige Aspekt, der uns mit dem Leiden in Berührung brachte. Eines Tages erreichten wir einen kleinen Ort in Colorado mit etwa achtzig Einwohnern und einer Kirche. Wiebke klopfte an das Kirchenportal; sie wollte um einen Schlafplatz und etwas zu essen bitten. Wir ahnten nicht, dass wir dem Pastor der Kirche bereits begegnet waren. Es war in dem kleinen Laden an der Tankstelle gewesen, den wir aufgesucht hatten, als wir in den Ort kamen und überlegten, wohin wir uns als Nächstes wenden sollten. Als Wiebke also an die Tür klopfte und ihre Bitte vorbrachte, antwortete der Pastor ihr: »Ihr seid Buddhisten. Wir können euch nicht helfen.« Wir waren müde und erhitzt von der Wanderschaft, also suchten wir den Park im Ortszentrum auf, um ein wenig zu rasten. Während wir uns dort ausruhten, fuhr ein Wagen vor: der Pastor und seine Frau. Er stieg aus und trug ein paar Papiertüten im Arm. Er wollte uns nicht in seine Kirche einlassen, aber er brachte uns etwas zu essen. In dem Augenblick war er in der Lage, seine Furcht zu überwinden, seine Zweifel, seine Unsicherheit, sein eigenes Leiden, um auf die Weise zu helfen, die ihm möglich war.

Im Verlauf unseres Gespräches beschuldigte er mich, der Antichrist zu sein. Er meinte es ernst. Ich sah ihn an und erwiderte: »Wissen Sie, ich glaube das nicht.« Er entgegnete: »Glauben Sie an Jesus Christus?« Ich sagte: »Absolut.« Ich sagte das, ohne mit der Wimper zu zucken, denn es entspricht der Wahrheit. Ich bewundere und respektiere die Lehren Jesu. Die nächste Frage des Pastors lautete: »Nehmen Sie Jesus als Ihren persönlichen Herrn und Erlöser an?« Und ich sagte: »Nein, das tue ich nicht.« Er sagte: »Sehen Sie, Sie sind der Antichrist. Wenn Sie nicht an Christus glauben, dann sind Sie der Antichrist.« An dem Punkt des Gesprächs fragte ich ihn: »Wie alt sind Sie?« Er nannte mir sein Alter, und dann fragte ich ihn: »Haben Sie in der Armee gedient?« Er erwiderte: »Ja, das habe ich.« Ich sagte: »Haben Sie im Korea-Krieg gekämpft?« Und er erwiderte: »Ja, das habe ich, ich war bei der Navy.« Ich sagte: »Wissen Sie, ich habe auch im Militär gedient. Ich war in Vietnam.« Er sagte: »Ist Amerika nicht ein wunderbares Land, zu dessen Schutz wir dienen können? Ich habe gedient, damit Sie tun können, was Sie tun.« Und ich erwiderte: »Haben Sie vielen Dank. Und ich habe gedient, damit Sie tun können, was Sie tun.« Und ich verneigte mich vor ihm.

Wir hatten einen Ort gefunden, an dem wir Berührung aufnehmen konnten, an dem wir uns auf gemeinsamem Boden begegneten. Und genau darauf konzentriere ich mich: nicht auf das, was uns verschieden macht, sondern auf das, wo wir Berührung haben. Es ist einfach, mich abzutrennen, mich als von dem anderen verschieden zu betrachten, und das ist die Wurzel des Leidens. Kann ich die Menschen auf der Straße ansehen und wirklich begreifen, dass ich nicht verschieden von ihnen bin? Weiß ich, dass sie Teil von mir sind, mir so nahe sind wie mein Partner, meine Partnerin, meine Eltern, mein Kind? Eine der verbreitetsten buddhistischen Meditationsübungen zur Entwicklung von Mitgefühl ist es, sich andere – Fremde oder sogar Menschen, die man verabscheut – als die eigene Mutter vorzustellen, die uns das Leben geschenkt und uns genährt hat. Wenn es einem mit der eigenen Mutter zu schwierig erscheint, kann man sich auch vorstellen, im anderen Menschen das eigene Kind zu sehen. Oder man kann sich vom Meditationskissen erheben und sich Menschen auf der Straße anschauen, die man für Fremde hält, für anders, für einschüchternd, und die Punkte suchen, an denen man Berührung findet: die Punkte, an denen man die menschliche Erfahrung von Freud und Leid miteinander teilt.

Während die Unterweisungen des Buddha uns zum einen helfen, andere als Verwandte, als uns Nahestehende zu betrachten, helfen sie uns zum anderen auch, es zu vermeiden, uns Nahestehende als selbstverständlich zu nehmen. Kann ich jeden Morgen aufstehen und den Menschen, der mit mir zusammenlebt, meine Partnerin, meinen Partner ansehen und sie oder ihn betrachten, als sähe ich sie, ihn zum ersten Mal?

Als jener Pastor mich als Antichrist bezeichnete, stieg als eine der ersten Empfindungen Ärger in mir auf – das will ich nicht leugnen. Und dann war ich verletzt. Ich schwankte zwischen zwei Wünschen: Einerseits wollte ich ihn auf irgendeine Weise bestrafen, andererseits wollte ich ihn von der Unrichtigkeit seiner Ansicht überzeugen, ich wollte mit ihm diskutieren. Keine dieser Reaktionen wäre jedoch sehr produktiv gewesen. Ich muss immer nach dem Ort Ausschau halten, an dem wir uns berühren. Dem Ort unserer wechselseitigen Verbundenheit. Dem Ort, an dem wir uns nicht voneinander unterscheiden. Denn wenn ich den anderen als von mir getrennt wahrnehme, verstricke ich mich in den Kreislauf des Leidens und beginne die Natur meines Leidens auszuagieren. Das Ergebnis ist eine Spirale aus Wut, Hass, Gewalt, Krieg. Jeden Tag unseres Lebens machen wir uns entweder Freundinnen und Freunde oder Feindinnen und Feinde.

Bezeichnet mich jemand als Antichrist, so steigen wahrscheinlich meist Gefühle von Ärger in mir auf. Doch wenn ich von diesem Ort des Leidens aus agiere, wer bin ich dann? Wenn ich mich auf Kosten des anderen über ihn erhebe, habe ich mich ihm vielleicht als theologisch überlegen erwiesen, doch ich habe die schlichte Wahrheit aus den Augen verloren, dass ich mich nicht von ihm unterscheide. Ich habe genau das getan, was er getan hat. Also nutze ich meine Bewusstheit, um mich nicht von ihm abzutrennen, sondern um Zeugnis abzulegen von dem, was in mir aufsteigt, wenn ich mit derartiger Aggressivität, derartiger Angst, derartiger Engstirnigkeit konfrontiert werde. Und dann atme ich und suche nach dem Ort, an dem wir uns berühren.

Die Engstirnigkeit und die Aggressivität, denen wir auf unserem Pilgermarsch durch die Vereinigten Staaten begegneten, waren geschlechterunabhängig. Beides wurde uns gleichermaßen von Männern wie Frauen entgegengebracht, von Kindern, von älteren Menschen, von jüngeren Menschen. Wir erlebten beides querbeet. Und die Großzügigkeit, der wir begegneten, war ebenfalls von Alter und Geschlecht unabhängig. Wir machten beide Erfahrungen. In zwei Staaten, die wir durchwanderten, gab es eine hohe Anzahl an Ku-Klux-Klan-Mitgliedern. Wir waren eine sehr gemischte Gruppe – Männer und Frauen, Menschen verschiedener ethnischer Herkunft, ein kahlköpfiger Typ in langem Gewand –, aber wir wurden nicht ein einziges Mal ernsthaft belästigt. Nicht ein einziges Mal. Und wir praktizierten auch draußen im Freien, wir gingen unserer Praxis überall nach, wir taten es nicht im Verborgenen. Es war uns wichtig, die Glocke der Achtsamkeit erklingen zu lassen, sie wirklich singen zu lassen.

Sangha umfasst das gesamte Spektrum des Universums

Eine weitere Grundlage der Lehre des Buddha ist der Begriff der Sangha, der Gemeinschaft. Sangha umfasst das gesamte Spektrum des Universums, denn das gesamte Universum existiert hier, jetzt; alle Dinge sind hier. Sangha meint darüber hinaus meine unmittelbare Gemeinschaft, die Menschen, mit denen ich übe. Ohne die Gemeinschaft der Menschen, mit denen ich auf Wanderschaft war, ohne ihre Anwesenheit, wäre mir die Wanderung gewiss sehr viel schwerer gefallen. Es gab Tage, an denen ich vielleicht nicht gegangen wäre, wäre ich nicht dafür verantwortlich gewesen, dass sich die Gruppe bereit machte und den Weg fortsetzte. Ihre Gegenwart hat mich also bestärkt; sie hat mir geholfen, mich auf das zu konzentrieren, was mir bei dieser Übung wichtig ist.

Jeder und jede kann mich auf einer Pilgerreise begleiten. Diese Praxis steht allen offen. Die Menschen erfahren davon durch meine Vorträge und die Retreats, die ich durchführe. Als ich den Entschluss fasste, quer durch die Vereinigten Staaten zu pilgern, habe ich einfach verkündet, was ich tun würde. Dann habe ich eine allgemeine Einladung ausgesprochen, die sich an alle wandte, die Interesse zeigten, mitzugehen. Sie mussten einzig vier Bedingungen akzeptieren: kein Geld bei sich zu haben, alle Ausrüstung selbst zu tragen und bereit zu sein, zwanzig bis fünfzig Kilometer am Tag zu Fuß zurückzulegen und die Richtlinien zu praktizieren, was unter anderem bedeutet: keinen Alkohol, keine Tabakprodukte oder andere Drogen zu konsumieren und keinen Fisch, kein Fleisch und kein Geflügel zu essen.

Wenn Hamza, Tobias oder Wiebke bei unserem Aufbruch in Yonkers gefragt worden wären, ob wir es je bis nach Kalifornien schaffen würden, hätten sie vermutlich geantwortet: »Ich weiß nicht, aber ich glaube nicht.« Denn wenn man sich in Gedanken die ganze Strecke von knapp fünftausend Kilometern ausmalt, dann sagt eine innere Stimme sehr wahrscheinlich: »Eine solche Strecke kannst du nicht zu Fuß zurücklegen!« Doch wenn wir dann einen Schritt nach dem anderen tun, ist der Weg viel eher zu bewältigen. Es ist wie bei der Sitzmeditation: Wenn ich mich an bestimmte Vorstellungen von Haltung, Zeit und so weiter klammere, dann entgeht mir wahrscheinlich das Wesentliche, und das ist Sitzen. Um zu sitzen, brauche ich nur zu sitzen. Ich kann gehen, nur um zu gehen. Ich kann essen, nur um zu essen. Ich kann atmen, nur um zu atmen. Das ist Erwachen.

Eine Pilgerreise ist nicht zwangsläufig zeitlich fest umrissen. Es mag einen Punkt geben, an dem die Wanderung für den einen oder die andere zu Ende ist, aber die Reise zum Erwachen kann einen Schritt oder auch tausend Schritte umfassen – es kann die Reise eines ganzen Lebens sein.

Zeugnis ablegen über die fortwährenden Auswirkungen des Zweiten Weltkriegs

1999 habe ich eine weitere Pilgerreise unternommen. Diesmal durch Deutschland. Ich bin in der Absicht losgewandert, so viele Orte wie möglich aufzusuchen, die unter dem

Zweiten Weltkrieg gelitten haben, und Zeugnis abzulegen von den fortdauernden Auswirkungen dieses Krieges. Was nicht geplant war, aber dennoch geschah: der Besuch vieler Orte des Leidens, die aus den zahllosen Zeitaltern der Gewalt in der europäischen Geschichte stammen.

Während dieser Pilgerreise legten sechs Menschen die gesamte Strecke von etwa zwölfhundert Kilometern zurück, und zwischen fünfundzwanzig und dreißig Menschen waren auf einzelnen Wegabschnitten dabei. An den Retreats, Andachten und Zeremonien, die wir an den verschiedenen Orten des Schreckens, des Missbrauchs, der Erniedrigung, der Folter und des Mordens durchführten, nahmen insgesamt etwa zweihundert Menschen teil.

Die Erfahrungen dieser Pilgerreise, ihre Intensität, sind noch immer so nah, so dicht, dass ich es schwierig finde, sie vollständig zu durchdringen oder zu verarbeiten. Wir besuchten Auschwitz, wo über eine Million jüdischer Menschen ermordet wurden; Theresienstadt, wo mehr als dreißigtausend Menschen umkamen; Ravensbrück, wo sich Tausende zu Tode schuften mussten; und wir besuchten Buchenwald, wo an die sechzigtausend Menschen von den Nazis ermordet wurden und später weitere von den Sowjets; und Hadamar, die Landesheilanstalt, in der weit mehr als zehntausend Menschen innerhalb eines Zeitraums von sieben Jahren im Rahmen der sogenannten »Euthanasie-Aktion« ermordet wurden. Dies sind nur einige der vielen, vielen Orte, die wir hätten besuchen können, denn die Lager bildeten nur den Schlusspunkt eines Prozesses, der lange vor ihrer Planung seinen Anfang nahm. Die Entwicklung, die zur Einrichtung von Orten wie Auschwitz führte, setzt sich bis in unsere heutigen gesellschaftlichen Strukturen und in die gesellschaftlichen Strukturen anderer Länder in der ganzen Welt fort. Indem ich Zeugnis ablege, bin ich mir bewusst geworden, dass der Prozess, der zu diesen Gräueln, diesem Terror geführt hat, schleichend und alles durchdringend verläuft. Seine Saat liegt in der Natur dessen, was gemeinhin Zivilisation genannt wird.

Ich wurde außerdem zunehmend dafür sensibilisiert, dass die Politik der Nazis nicht ohne die Komplizenschaft anderer Länder und Gesellschaften Europas (wie der übrigen Welt) hätte umgesetzt werden können. Nicht ohne die starke kollektive Verleugnung in der deutschen Gesellschaft und der kollektiven Verleugnung in der Welt insgesamt. Die Planung und Errichtung dieses Systems der Misshandlung und Ausbeutung, der Folter und des Terrors, die politischen Strukturen, mittels derer das alles ausgeführt werden konnte, waren kein Geheimnis. All das fand unter den Augen der Öffentlichkeit statt: auf der Weltbühne.

Ich wurde außerdem zunehmend dafür sensibilisiert, wie gefährlich die Krankheit selbstgerechter Entscheidungsfindung ist. Dieser Prozess scheint auf der Projektion des eigenen Leidens auf externe Ursachen (Menschen, Orte, Gegebenheiten) zu basieren. Diese Art von auf Projektionen basierender Entscheidungsfindung ist gefährlich, auf welcher Ebene sie auch immer stattfindet. Und wenn wir uns nicht die gesamten, miteinander verknüpften Ereignisse anschauen, die zu der Ermordung von mehr als sechzig Millionen Menschen während dieses Abschnitts der Weltgeschichte (1929 bis 1945) geführt haben, wird dieser Kreislauf sich stets wiederholen. Wir haben dies in der Sowjetunion unter Stalin bezeugen können, während Maos Kulturrevolution in China, in Kambodscha unter Pol Pots Roten Khmer und bei den vergangenen Versuchen der Vereinigten Staaten, die amerikanischen Ureinwohner auszurotten, den fortwährenden Versuchen, die indigenen Völker der Welt auszurotten, bei den Ereignissen auf dem Balkan, in Ruanda, im

Kongo, im Irak; auch die fortgesetzte Anwendung der Todesstrafe als akzeptierte Strafmaßnahme steht in diesem Zusammenhang oder die Zerstörung des Regenwaldes. Wie ich auf meiner Pilgerreise durch die Orte von Folter und Terror bezeugen konnte, können Gesetze schnell so ausgelegt werden, dass sie das Netz breiter spannen, so dass sich diejenigen darin verfangen, die der Vernichtung anheim fallen sollen.

Ich fühle mich überwältigt, von diesem andauernden Kreislauf des Leidens Zeuge zu sein; es erfüllt mich mit Furcht und einem Gefühl der Ohnmacht. Ich frage mich wieder und wieder: »Also – was kann ich tun? Was ist zu tun?«

Während dieser Pilgerreise besuchten wir die Orte, an denen sich Synagogen befunden hatten, die in der Reichspogromnacht vom 9. auf den 10. November 1938 zerstört worden waren, und hielten eine Andacht ab; wir besuchten jüdische Friedhöfe, die erhalten waren und noch genutzt wurden, und hielten Andachten ab; wir besuchten ehemalige Kriegsgefangenenlager und hielten Andachten an den Orten von Massengräbern ab; wir besuchten Nervenheilanstalten, die als »Euthanasie«-Zentren genutzt wurden, und hielten Andachten in Gaskammern und auf Exekutionsplätzen ab; wir besuchten ehemalige Gestapo-Hauptquartiere und hielten Andachten ab; wir besuchten die Orte, an denen sich ehedem jüdische Schulen befunden hatten, und hielten Andachten ab; wir besuchten Sammelorte für Zeugen Jehovas, Homosexuelle, Sinti und Roma, politische Gefangene und hielten Andachten ab. Wir suchten Kirchen auf, deren Leitungen mit der NSDAP gemeinsame Sache gemacht und sich blind gestellt hatten, statt einzuschreiten; sie waren Komplizen bei Unterdrückung, Folter und Mord, und wir hielten Andachten ab.

Wir begegneten Menschen aller sozialen Schichten und luden sie ein, mit uns zu sprechen, uns ihre Geschichten zu erzählen, damit wir sie anhören und von ihnen lernen konnten. Wir besuchten wiedergegründete jüdische Gemeinden. Wir sprachen mit Skinheads, die sich als Neo-Faschisten verstehen, und traten mit allen in Kontakt, die sich darauf einlassen mochten. Wir hörten uns ihre Geschichten an und reagierten darauf, wenn die, die sie uns erzählten, darum baten. Wir reagierten als Menschen, die Zeugnis ablegen, um die Geschichten anderer zu erfahren.

Auf dieser Pilgerreise wurde mir außerdem deutlich bewusst, dass ich nicht weiß, was ich getan hätte, wenn ich mit den Wahlmöglichkeiten konfrontiert worden wäre, mit denen die Menschen angesichts des Nationalsozialismus konfrontiert waren. Ich weiß jedoch, was ich getan habe, als ich vor ähnlichen Wahlmöglichkeiten während der US-amerikanischen Intervention in Vietnam stand. Ich habe mich freiwillig zum Kriegsdienst gemeldet. Ich habe mich freiwillig gemeldet, um nach Vietnam zu gehen, und ich habe getötet und zerstört, was ich als anders zu betrachten gelernt hatte. Ich weiß nicht, was ich als Lagerinsasse getan oder wie ich mich verhalten hätte. Doch ich weiß, was ich getan habe, als ich begriff, dass die Propaganda, mit der ich gefüttert worden war, nicht der Wahrheit entsprach. Ich fuhr fort, zu kämpfen, zu töten, zu zermalmen und zu vernichten, und rationalisierte mein Tun, indem ich erklärte, es diene dazu, andere zu schützen. Vielleicht wäre ich der Gefangene in Buchenwald gewesen, der einen anderen um einiger Kartoffelschalen willen erdrosselt hätte.

Womit ich auf dieser Pilgerreise immer wieder konfrontiert wurde, ist die Komplizenschaft, die auf allen Ebenen des gesellschaftlichen Gewebes unumgänglich ist, um derartige Gräuel zu planen und auszuführen. Und mit meiner

Beteiligung an solchen Gräueln und mit der Subtilität, mit der solche Gräuel ihren Anfang nehmen.

Es stellt sich die Frage: »Wie sieht die angemessene Reaktion auf diese Ereignisse in unserem Alltagsleben aus?« Ich kann nur für mich sprechen – mir scheint die einzig mögliche Antwort in jedem Fall »Null Toleranz!« zu sein. Null Toleranz, egal auf welcher Ebene und in welchem Ausmaß mir Rassismus, Diskriminierung, selbstherrliche Willkür oder Machtmissbrauch begegnen.

Die nächste Frage ist sodann, wie wir uns in dieser Haltung bestärken und sie umsetzen können. Die Antwort lautet: »Indem ich mein Leben anders lebe, die spirituelle Wirklichkeit des Lebens lebe, dieser Überzeugung treu bleibe und von allem, was sich anbietet, um uns auf diesem Weg zu unterstützen, Gebrauch mache.« Meditation, der Prozess, sich selbst gründlich zu erforschen und zu erkennen, bildet für mich den Kern, denn Achtsamkeit ist das einzig mögliche Gegenmittel für die Achtlosigkeit, die zu Komplizenschaft mit Grausamkeit, Gewalt und Genozid führt.

Wie ich bereits erwähnt habe, war ein Bereich, für den ich auf dieser Pilgerreise zunehmend sensibilisiert wurde, das Ausmaß der Komplizenschaft, die auf Seiten Deutschlands, Europas und der übrigen Welt nötig war, um den Nazis zu ermöglichen, ihre Schreckensherrschaft auszuüben. Dass die nationalsozialistische Bewegung zu Beginn in ihrer Bedrohlichkeit von vielen nicht erkannt und lange Zeit nicht bekämpft wurde, ist eine unumstößliche Tatsache. Und wieder stellt sich die Frage, wo und inwiefern diese Dynamik auch in meinem Leben existiert und was ich tun muss, um mich mit ihr auseinander zu setzen.

Wenn ich über diese Fragen nachsinne, finde ich nur eine Antwort, wie es möglich gewesen ist, dass eine solche Terrorherrschaft nicht bekämpft wurde: Die Regierungen aller

Länder, die dabei zusahen, konnten ihre eigene Schuld nicht eingestehen. Einzuschreiten, die Stimme zu erheben, laut zu protestieren hätte bedeutet, dass sie individuell wie kollektiv auf irgendeine Weise hätten anerkennen müssen, selbst an einem derartigen Geschehen beteiligt zu sein und es zu befördern.

Das wurde mir klar, als ich mir ansah, wie ich selbst in Bezug auf gewalttätiges oder Schaden anrichtendes Verhalten konditioniert worden war. Mir wurde beigebracht, keinen Widerspruch einzulegen, meine Stimme nicht zu erheben. Oberflächlich betrachtet, erscheint das wie ein guter Rat: der einfachere Weg, der Weg des geringsten Widerstandes. Ich wurde dahingehend erzogen, keinen Widerspruch einzulegen, meine Stimme nicht zu erheben, weil mich das von anderen abgesetzt und den Plan durchkreuzt hätte. Doch der eigentliche Grund, meine Stimme nicht zu erheben, lag nicht darin, dass Pläne durchkreuzt worden wären, sondern dass dies mein eigenes Verhalten in den Mittelpunkt gerückt hätte. Ein solcher Fokus wiederum macht das Verleugnen des eigenen Verhaltens weit schwieriger, wenn nicht gar unmöglich.

Um die Arbeit des Friedens tun zu können, um die spirituelle Wirklichkeit des Lebens zu leben, muss ich begreifen, dass politisches Handeln – egal auf welcher Ebene (individuell, familial, gesellschaftlich oder national) – aus einer Position mutmaßlicher Überlegenheit ausbeuterisch, missbräuchlich und gefährlich ist. Also muss ich ergründen, wo diese Saat der Überlegenheit in meinem Leben liegt, wie sie sich manifestiert und wie ich mich nicht von ihr abwenden kann.

Im Anschluss an diese Pilgerreise fuhr ich nach Mittelitalien, um ein Retreat in den Bergen in der Nähe von Piacenza abzuhalten. Nach diesem Retreat besuchte ich eine weitere Stadt: Portogruaro. Portogruaro liegt im Nordosten Italiens, auf halbem Wege zwischen Venedig und Triest. Ich war dorthin eingeladen worden, um vor einer großen Gruppe von Schülerinnen und Schülern einen Vortrag mit dem Titel »Die Saat der Gewalt, die Wurzeln des Krieges« zu halten. Weil mein Publikum aus etlichen verschiedenen Schulen kam, fand der Vortrag an einem zentralen Ort statt. Es kamen zwischen dreihundert und vierhundert junge Menschen im Alter von vierzehn bis achtzehn Jahren. Außerdem erschien eine beachtliche Anzahl Lehrerinnen und Lehrer.

Dies war nicht mein erster Besuch in Portogruaro. Das erste Mal hatte man mich im Mai 1999 eingeladen, und jener Aufenthalt war eine Station auf meiner Reise in das Kriegsgebiet im Kosovo und in Serbien gewesen. Ich war eingeladen, um vor Schülerinnen und Schülern über die Natur des Krieges zu sprechen, weil sie von den kriegerischen Auseinandersetzungen tief in Mitleidenschaft gezogen waren – wie die meisten Menschen, die in dieser Gegend lebten. Portogruaro liegt so nah am Luftwaffenstützpunkt Aviano, jener Nato-Einrichtung, von wo aus ein Großteil der Bombardierungen ihren Ausgang nahmen, dass die Menschen die Bomber Tag und Nacht starten und zurückkehren hörten. Ihre Nähe zum Krieg warf für die Menschen die Frage auf, wann die Bomben auf ihre Stadt fallen würden.

Ich wurde mit dem Auto von Portogruaro nach Padua gebracht, wo ich das Fahrzeug wechselte und von einem anderen Fahrer nach Vicenza gebracht wurde. Doch bevor wir Padua verließen, führte man mich in das alte Stadtzentrum, um das ehemalige jüdische Viertel zu besuchen. Zu Beginn des Zeitalters, in dem die Nationalsozialisten Europa beherrschten, gab es eine prosperierende jüdische Gemeinde in

Padua, die etwa zweitausend Menschen umfasste. Es gab drei Synagogen; in einer wurde der Gottesdienst auf Jiddisch abgehalten, in einer auf Spanisch und in der dritten auf Italienisch. Im April 1943 wurden sämtliche Jüdinnen und Juden dieser Gemeinde verhaftet, zu einer zentralen Sammelstelle gebracht und in Vernichtungslager deportiert. Die Synagogen wurden niedergebrannt. Die eine der drei Synagogen ist wiederaufgebaut worden und wird auch heute als Synagoge genutzt. An dem Ort der zweiten Synagoge steht heute ein Gebäude, das ein Kino beherbergt; einzig die Fassade wurde rekonstruiert, um die Erinnerung daran wachzuhalten, dass dies einst ein Ort der Andacht war. Die dritte Synagoge ist der Gewalt unwiderruflich zum Opfer gefallen.

Während des Zweiten Weltkriegs war Italien kein freundlicher Ort, wenn man gegen die faschistische Regierung eingestellt war oder jüdisch oder auf sonstige Weise anders war. Und Italien hat noch immer sehr mit seiner Vergangenheit zu ringen. Ich bin nicht sehr häufig ItalienerInnen begegnet, die sich direkt mit diesem Teil ihrer Geschichte auseinander setzten oder die Bereitschaft dazu erkennen ließen. Es scheint, als gäbe es das bewusste oder auch unbewusste Bemühen, sich nicht erinnern zu wollen. Dieses Bemühen, sich nicht zu erinnern, wird durch das Schweigen, das Nicht-Sprechen, verstärkt. Und durch das Nicht-Sprechen werden die Gelegenheiten zur Heilung vermindert. Wenn wir Gelegenheiten zur Heilung verstreichen lassen – so weiß ich aus eigener Erfahrung –, wird das Leiden fortgesetzt, auf nachfolgende Erfahrungen und Generationen übertragen und fortwährend ausagiert, wobei das Wissen um die Ursachen dieses Ausagierens immer vager wird. Unbewusstheit. Mein Vater war Soldat, mein Großvater war Soldat, mein Urgroßvater war Soldat. Unbewusstheit.

Oberflächlich betrachtet kann das eigene Leben aussehen, als wäre alles in Ordnung. Tolles Auto, schönes Haus, gutes Geld, aber dennoch gibt es da dieses Leiden und ein Ausagieren, dessen Ursache in diesem Leiden liegt. Die gewalttätigen anarchistischen Auseinandersetzungen in den siebziger Jahren; die radikalen Veränderungen in den politischen Mustern, die politische Instabilität erzeugten; Prostituierte auf den Straßen, geschlagene Kinder, wachsende Obdachlosenzahlen, zunehmender Alkoholismus, wachsende Drogenabhängigkeit und zunehmende Inhaftierungen wegen Gewaltverbrechen. Doch uns selbst geht es gut, oder wir denken das zumindest; wir vermeiden es, einen Zusammenhang zwischen den Zahlen der Statistiken und dem Leiden herzustellen, das in diesen zum Ausdruck kommt.

Als ich Italien verließ, nahm ich das Flugzeug vom Marco-Polo-Flughafen aus, dessen Einzugsgebiet Venedig und seine Umgebung ist. Giovanni ShinKai Turra, der Mann, bei dem ich zu Gast war, fragte mich, ob ich Venedig einen Besuch abstatten wolle, bevor ich zum Flughafen musste. Ich sagte ja. Wir verließen Vicenza früh genug, um einige Stunden in Venedig zu verbringen, bevor mein Flug ging. In Venedig führte Giovanni mich in das alte jüdische Viertel. Und im alten jüdischen Viertel führte er mich auf den Marktplatz. Diese jüdische Gemeinde war im dreizehnten oder vierzehnten Jahrhundert gegründet worden. Und nach verschiedenen Perioden der Instabilität, von Deportation und Verfolgung, bildete sich schließlich eine florierende Gemeinde. Das geschah im achtzehnten Jahrhundert. Die Gemeinde war vom Rest der Stadt abgetrennt, ein Ghetto. An sämtlichen Eingängen befanden sich große Holztore, die des Nachts verschlossen wurden, damit niemand hineingelangte. Und auf diesen zugesperrten Toren waren Schilder angebracht, auf denen stand: »Diese Tore sind zum Schutz der jüdischen Gemeinde verschlossen.« Doch verschlossene Tore bergen noch eine andere Facette der Wirklichkeit: Niemand gelangt heraus!

Das erinnerte mich an eine der Geschichten, die ich anhören durfte, als ich mich auf der Zen-Pilgerreise durch die Vereinigten Staaten befand. Ich hörte diese Geschichte von einem der vielen japanisch-amerikanischen Menschen, die mit uns über ihre Zwangsumsiedlung in Lager an der Westküste sprachen. Eines Tages hatten sie das amerikanische Wachpersonal gefragt, warum sie hier interniert seien. Die Antwort lautete: »Zu eurem Schutz.« Der Erzähler berichtete, dass diese Antwort eine weitere Frage nach sich gezogen hätte: »Warum sind dann die Gewehre auf *uns* gerichtet?«

Bei zwei separaten Aktionen, eine im Jahr 1943, die andere im Jahre 1944, wurden sämtliche Juden Venedigs festgenommen und zum Marktplatz des alten jüdischen Viertels gebracht und von dort aus in die Todeslager deportiert.

An diesem Ort zündete ich Weihrauch an, machte drei Niederwerfungen und sprach Gebete der Heilung für alle Hungrigen Geister auf dem Platz und ringsherum. In bestimmten Situationen weiß ich nicht, was ich sonst noch tun könnte.

Inzwischen gibt es Zeiten, in denen ich mich kaum an Vietnam erinnere. Manchmal bin ich dieser Wirklichkeit so fern, dass jeglicher Gedanke an Vietnam surreal erscheint. Und dann wieder gibt es Erinnerungszeichen, manche subtil, manche weniger subtil. Die extreme Schreckhaftigkeit, das höchst gestörte Schlafvermögen, das leere Gefühl im Bauch und die blinde Wut, wenn ich Verrat erlebe oder Verrat wittere. Die scheinbare Sinnlosigkeit herkömmlichen Lebens und die nagende Frage, die darauf folgt: Was mache ich nun?

Was mich bewegt, meine Praxis fortzusetzen, ist die tief empfundene Verpflichtung, nicht zuzulassen, das auch nur ein einziges Leben, das in irgendeinem Krieg, der jemals ausgefochten wurde, verloren ging, umsonst war. Ein jedes dieser Leben wurde geopfert, um uns zu helfen, zu der Sinnlosigkeit des Krieges zu erwachen. Krieg ist nicht etwas, das uns äußerlich geschieht; meinem Verständnis und meiner Erfahrung nach ist Krieg ein kollektiver Ausdruck individuellen Leidens. Wenn wir wollen, dass Krieg ein Ende findet, müssen wir erwachen.

Ich habe keine Antwort auf die Frage gefunden, was ich wegen der Menschen, die ich getötet habe, tun könne, bis Thich Nhat Hanh mir sagte: »Übe. Denn wenn du gehst, gehst du für all diejenigen, die je misshandelt, ausgebeutet, terrorisiert, verkrüppelt, zermalmt oder sonstwie getötet wurden. Wenn du gehst, gehst du für alle Veteranen. Wenn du sitzt, sitzt du für alle Veteranen. So erwachst du; so wie du heil wirst, heilst du sie in dir.«

Die Menschen mögen sagen, ich mache Friedenspilgerreisen. Ich sage das nie, obwohl es viele Gelegenheiten gibt, sich in der Praxis des Friedenstiftens zu üben. Ich gehe einzig, um zu gehen. Und wenn ich gehe, versuche ich für all diejenigen zu gehen, die misshandelt, ausgebeutet, terrorisiert, verkrüppelt, zermalmt oder sonstwie getötet wurden. Wenn ich gehe, versuche ich für alle Veteranen zu gehen. *Für* sie und *mit* ihnen.

Kapitel 6 Frieden finden

Im Jahre 1997 war ich in der Schweiz und reiste mit dem Zug von Zürich nach Winterthur. Ich saß in der Nähe der Tür. Ein junger Mann stieg zu, setzte sich mir gegenüber und holte eine Packung Zigaretten hervor. In diesem Teil des Waggons war das Rauchen untersagt. Ich selbst rauche nicht und bin auch nicht gern Passivraucher – nach Möglichkeit möchte ich nicht, dass meine Gesundheit durch die Handlungen anderer Schaden nimmt. Ich sah also zu, wie der junge Mann eine Zigarette aus der Packung nahm und sie sich in den Mund steckte. In dem Augenblick sagte ich einfach: »Entschuldigung« und wies auf das »Rauchen untersagt«-Schild. Er blickte mich einen Moment an, und ich sah, wie es in seinem Hirn arbeitete. Ich registrierte, wie sein Körper eine Haltung annahm, die man nur als trotzig bezeichnen kann. Egal was, er würde sich die Zigarette auf jeden Fall anstecken.

Ich erwog ebenfalls meine Optionen. Ich konnte ihm das Feuerzeug wegnehmen und ihm die Zigarette aus dem Mund reißen, das Feuerzeug auf den Boden werfen und zertreten und die Zigarette in der Hand zermalmen und ihm vielleicht noch einen Kinnhaken verpassen und dann in sehr aggressivem, zornigem Ton sagen: »Du versuchst jetzt nicht, dir eine neue Zigarette anzustecken, oder?« All das schoss mir durch den Kopf. Dann sah ich die Schlagzeile in der Zeitung: »Amerikanischer Zen-Mönch schlägt jungen Zugreisenden zusammen!« In dem Augenblick wurde die Natur meines Leidens manifest. Der Zorn, den ich angesichts seines Rauchens verspürte, war mein Leiden, und dafür war nicht er verantwortlich. Im Gegenteil – er machte mir ein großes Geschenk: die Gelegenheit, die Natur meines Leidens zu berühren; er war meine Glocke der Achtsamkeit. Ich hielt inne und kehrte zu meinem Atem zurück, ich atmete ein und ich atmete aus. Als ich ihm zusah, wie er seine Zigarette anzündete, war ich in der Lage zu sagen: »Es tut mir leid, dass du dein Leben auf diese Weise zerstören musst. Es tut mir leid, dass du derart leidest.« Und ich verneigte mich vor ihm.

Wir stiegen am selben Bahnhof aus. Ich traf den Mann, den ich besuchen wollte, und wir besorgten uns belegte Brote und gingen in den Park. Während wir dasaßen und unsere Brote aßen, erzählte ich ihm die Geschichte von dem jungen Mann aus dem Zug, und als ich aufsah, erblickte ich eben jenen jungen Mann. Er ging mit einer jungen Frau, vielleicht seiner Freundin, quer durch den Park. Ich lud sie ein, sich zu uns zu setzen. Obwohl der jungen Frau offenkundig unbehaglich zumute war, kamen die beiden und setzten sich zu uns, und wir hatten ein höchst interessantes Gespräch. Ich war in der Lage, ihm zu sagen, dass ich ihn für einen offenkundig sensiblen und liebevollen jungen Mann hielt und dass es mich traurig stimme, zuzusehen, wie er seinen prächtigen Körper zerstöre. Ich bat ihn darum, in Zukunft die Gegenwart anderer zu berücksichtigen, wenn er weiterhin rauchte.

Während wir miteinander sprachen, brachte ich klar zum Ausdruck, dass ich mich entschieden hatte, ihm meine Ansichten nicht aufzudrängen, und dass ich nicht wollte, dass er mir seine aufnötigte. Ich fragte ihn weiterhin, ob er die Aggressivität seiner Handlung begreife und verstehe, dass er, indem er sich aggressiv zeige, zur Aggressivität einlade; jemand anders als ich hätte vollkommen anders reagieren können.

Wenn ich mich dem jungen Mann im Zug gegenüber aggressiv verhalten hätte, dann hätte dieses Gespräch nicht stattgefunden. Das macht mir deutlich bewusst, dass ich verantwortlich dafür bin, angesichts von Aggressivität entschlossen, doch nicht aggressiv zu handeln. Wenn wir diese Verantwortung annehmen, stellt sich die Frage, wie wir mit einer solchen Situation umgehen sollten. Es gibt keine klaren Richtlinien; wir werden keine vorgefertigten Antworten finden. Wenn wir außerhalb unserer selbst nach Antworten suchen, werden wir nicht fündig werden. Diese Antworten können nur in uns selbst gefunden werden.

Gefühle – meine Gefühle kommen nicht von außen. Sie sind in mir gegenwärtig. Mit ihnen kann ich arbeiten. Ich muss akzeptieren, dass alles, was ich empfinde – Wut, Verzweiflung, Verwirrung, einfach alles –, in mir ist. Ein Produkt meiner selbst. Ich mag das Verhalten anderer Menschen unangemessen finden, doch es ist nicht an mir, sie zu ändern. Ich könnte es auch gar nicht. Ich kann sie jedoch als meine Lehrer betrachten. Das heißt nicht, dass ich sie nicht erdrosseln möchte. Das heißt nicht, dass ich sie nicht schlagen möchte. Das heißt nicht, dass ich mich nicht mit ihnen hinsetzen und sie darüber belehren möchte, wie ich denke, dass sie sich verhalten sollten. Doch wenn ich meine Gefühle als Ort der Übung betrachte, einfach einatme und ausatme und mit dem arbeite, was in mir aufsteigt, nicht einfach darauf reagiere, dann werde ich mit zunehmender Übung wissen, was ich zu tun habe. Das Leben wird es mir zeigen.

Wut muss sich nicht auf gewalttätige Weise äußern. Ich kann wütend auf jemanden sein und diese Wut auf achtsame Weise zum Ausdruck bringen, und wenn sie mich durchzieht, währt sie nicht so lange. Jahrelang hat meine Wut die Form unbändigen Zorns angenommen; sie war ein Schmarotzer, der sich von mir genährt, der mich geschädigt hat. Wut trat in meine bewusste Wahrnehmung, in mein Heim und blieb Tag um Tag um Tag, Monate, Jahre. Heute währt sie manchmal Stunden, manchmal Minuten. Sie nährt sich nicht mehr von mir.

Wut sucht mich oft beim Autofahren heim. Früher geschah es oft, wenn ich andere Fahrer als aggressiv oder selbstsüchtig oder unsensibel erlebte, dass dann meine Gefühle hochzukochen begannen, sie explodierten schnell und heftig zu voller Rage, und von dieser wurde ich verzehrt. Ich saß in meinem Wagen und schrie, drohte mit der Faust und hätte den anderen am liebsten gerammt und von der Straße gedrängt. Ich wurde von meinem Zorn fortgetragen. Indem ich mein Leben anders zu leben begann, indem ich ein Leben lebte, das in spirituellen Grundsätzen und in spiritueller Praxis wurzelte, begann ich allmählich, von jenem Ort, an dem ich hinweggefegt wurde und außer Kontrolle geriet, zu einem Ort überzuwechseln, an dem ich vielleicht einige nicht sehr freundliche Worte ausstieß und nicht sehr freundliche Gesten machte. Dieses Verhalten scheint ziemlich unschuldig zu sein, doch es ist immer noch ziemlich aggressiv, es wässert immer noch die Saat der Gewalt. Wenn ich heute diese Art von Wut in mir aufwallen spüre, wird sie mir zu einer Glocke der Achtsamkeit, die mich einlädt, nicht unmittelbar zu reagieren, sondern innezuhalten, zu atmen, zum Beobachter zu werden. Das ist die Essenz der Meditation. Doch durch diese Praxis allein geht meine Wut nicht fort; sie wird bleiben, und darum besteht ein weiteres hilfreiches Werkzeug spiritueller Praxis für mich im Reden, in der Übung achtsamer Rede, im Reden über meine Gefühle, und zwar mit Menschen, die mir nahe sind. Vielleicht muss ich einen Tag lang reden, vielleicht auch zwei; vielleicht werde ich zwanzig Jahre lang reden müssen. Es spielt keine Rolle. Wichtig ist einzig, dass ich rede, dass ich das, was mich im Leiden gefangen hält, wahrhaftig mit anderen teile. Und dann wird sich meine Wut langsam, langsam verflüchtigen. Der Zorn wird von Mitgefühl ersetzt. Da sind all die Menschen, die in einem Tempo fahren, das jeden Moment zum Tode führen kann, die sich hetzen und eilen, um ihr Leben zu leben und die in ihren Autos wie in gepanzerten Transportfahrzeugen voneinander getrennt sind. Haben Sie je bemerkt, wie viel schwieriger es ist, beim Autofahren grob zu werden, sobald Augenkontakt hergestellt ist?

Kampf ist der kollektive Ausdruck individuellen Leidens

Es gibt keinen Unterschied zwischen unseren Gefühlen von Aggression und Krieg. Krieg ist nicht etwas, das draußen existiert, außerhalb unserer selbst, in Gebieten, die Bosnien, Kosovo oder Irak heißen; Krieg ist nicht etwas, das vor sechzig Jahren in Deutschland geschehen ist oder vor dreißig Jahren in Vietnam. Unsere Wut und unsere Aggressivität lassen sich nicht vom Krieg trennen. Krieg und Aggression sind etwas, das jeden Tag geschieht, das jetzt gerade geschieht. Denken Sie darüber nach: Im Umkreis eines Kilometers von dort, wo Sie im Augenblick dieses Buch lesen, ereignet sich mit großer Sicherheit gerade ein Akt der Gewalt. Vielleicht wird in diesem Augenblick ein Kind missbraucht, eine Frau geschlagen. Vielleicht wird jemand geistig gefoltert oder emotional ausgebeutet. Vielleicht prügeln sich gerade einige Menschen oder schreien sich wütend an. Vielleicht liegt ein Mensch betrunken und hungrig auf der

Straße und ein Passant beschimpft ihn oder misshandelt ihn beim Vorübergehen. Das ist Krieg. Das ist die Natur des Leidens.

Krieg beginnt nicht mit einer Kriegserklärung und endet nicht mit einem Waffenstillstand. Ein Krieg ist niemals vorbei; die Folgen eines Krieges nehmen nie ein Ende. Krieg ist kein Phänomen, das einfach geschieht. Ich begreife die Kämpfe heute als einen kollektiven Ausdruck individuellen Leidens. Ein Kind, das von den Eltern geschlagen wurde, leidet an Kriegsfolgen. Und diese Folgen werden das Kind niemals verlassen, und diese Realität wird sich auf sämtliche Beziehungen des Kindes mit anderen Menschen auswirken. Ich habe in einem Krieg gekämpft. Ich war als Soldat im Krieg. Ich war direkt verantwortlich für den Tod von Hunderten von Menschen. Ich war ein Mörder. Obwohl ich das jetzt nicht mehr bin, darf ich diesen Teil von mir nicht zurückweisen, denn dann riskiere ich, ihn fortwährend neu zu inszenieren.

Ich hatte einst enorme Schuldgefühle, weil ich den Krieg in Vietnam überlebt habe: Warum hatte ich überlebt, wo so viele andere gestorben waren? Diese Schuld ist nicht fort. Ich trage sie immer noch in mir, aber durch die spirituelle Praxis hat sich meine Beziehung zu dieser Schuld sehr verändert. Viele Menschen, die die gleichen Erfahrungen durchlebt haben wie ich, sind heute tot. Sie haben Selbstmord begangen, von ihrem Leiden zermalmt. Viele andere versuchen immer noch, vor ihrem Leiden davonzulaufen, und ihr Leben ist chaotisch. Viele versagen in ihren persönlichen Beziehungen, viele leiden an Alkohol- oder Drogenabhängigkeit oder sind krank, und sie sind nicht in der Lage, die Beziehung zwischen ihrem Zustand und dem Krieg zu erkennen. Das amerikanische Volk verabscheut Vietnam-Veteranen kollektiv, weil diese uns nicht vergessen lassen, dass Krieg Folgen zeitigt. Dass Menschen nicht einfach ihr Leben fortsetzen können.

Jede Generation leidet, und jede Generation, die einen Krieg führt, muss mit den Folgen leben. Warum müssen sie leiden? Ich frage nicht mehr nach dem Grund; es ist eine sinnlose Frage. Es gibt keine Antwort. Das Leiden ist in der Welt, weil es in der Welt ist. Ohne Leiden gibt es keine Freude, und ich kann nicht wissen, was Freude ist, ohne durch Leid gegangen zu sein. Durch die spirituelle Praxis, durch Meditation und unterstützende Rituale lerne ich, mit dieser Wirklichkeit zu leben, der Wirklichkeit des Leidens; ich lerne, nicht davor wegzulaufen. Und unterdessen wird die Natur des Heilens, der Transformation allmählich klarer.

Unser Leiden ist nicht unser Feind

Die Gesellschaft lehrt uns, dass Leiden ein Feind sei. Wir werden fortwährend ermutigt, das Leiden zurückzuweisen. »Was soll all dieses Leiden? Lasst uns glücklich sein! Spaß haben!« Doch unser Leiden ist nicht unser Feind. Obwohl Schmerz und Leid nicht angenehm sind, sind sie doch unsere Freunde. Denn erst durch eine Beziehung mit meinem Schmerz, mit meinem Leiden, mit meiner Traurigkeit kann ich die andere Seite erreichen, kann ich das Gegenteil erkennen und berühren – mein Vergnügen, meine Freude und mein Glück.

Ich betrachte mein Leiden oft, als wäre es ein körperlicher Schmerz. Wenn ich Schmerz empfinde, drängt mich die Gesellschaft, Medikamente dagegen zu nehmen, ihn nicht zu berühren, ihn nicht zu verstehen, keine Verbindung zu ihm aufzunehmen. Ich wurde konditioniert, alles zu unternehmen, um ihn zu vermeiden. Ich habe lange Zeit meines

Lebens nach dieser Konditionierung gelebt. Ich habe eine Menge Drogen genommen, so viele, dass es mir nicht nur unmöglich war, mit dem körperlichen Schmerz und dem psychischen und dem spirituellen Schmerz in Berührung zu kommen, sondern auch mit wahrer Freude, mit Heilung und anderem. Es war schlichtweg unmöglich.

Mein Körper ist von den Narben des Krieges gezeichnet. Jedes Mal, wenn ich diese Narben betrachte, wenn ich sie berühre, berühre ich die Wirklichkeit des Krieges, und wenn ich die Wirklichkeit des Krieges berühre, berühre ich all das Leiden, das dem Krieg innewohnt. Wenn der Schmerz, der zu einer Narbe gehört, auftauchte, habe ich versucht, ihn zu unterdrücken, vor ihm davonzulaufen. So war meine Konditionierung, darauf war ich getrimmt. Als ich in den Spiegel blickte und die Narbe sah und sie berührte, ohne in spiritueller Praxis verwurzelt zu sein, ohne in Achtsamkeit zu leben, sorgte meine Konditionierung dafür, dass ich vor den Gefühlen, die in mir aufstiegen, davonlief. So habe ich Jahr um Jahr reagiert.

Die physischen Wunden sind nicht die bedeutsamsten Wunden, die der Krieg schlägt. Die Wunden der Seele, die spirituellen Wunden, die emotionalen Wunden, die psychischen Wunden – sie alle gehen weit tiefer und sind dem bloßen Auge häufig verborgen. Körperliche Wunden kann man behandeln, man kann einen Umgang mit ihnen finden. Die Menschen sehen sie und akzeptieren sie. Die Wunden der Seele, die Wunden der Psyche, die Wunden des Herzens – sie sind nicht so klar zu erkennen, und deshalb sind sie weniger leicht zu behandeln. Die Narben, die diese Wunden hinterlassen, gehen oft viel tiefer und sind viel hässlicher anzusehen, zu berühren.

Kann ich mir vorstellen, dass diese Narben und Erfahrungen irgendwann in der Zukunft verblassen und verschwinden und dass ich frei sein werde? Doch ihr Verblassen und Verschwinden ist keine Voraussetzung der Freiheit. Ich bin jetzt schon frei. Weil ich akzeptiere, dass die Narben da sind. Ich will nicht, dass sie anders sind, als sie sind. Lange Zeit meines Lebens habe ich mir gewünscht, die Narben, die zernarbte Haut fortwaschen zu können, um frei zu sein. Je mehr ich mir das wünschte, desto verrückter fühlte ich mich. In Wirklichkeit sind meine Narben ein Teil von mir wie auch meine Hand ein Teil von mir ist. Ich musste lernen, sie zu akzeptieren und mit ihnen in Frieden und Harmonie zu leben.

Ich habe bereits erzählt, dass ich aufgrund meiner Erfahrungen in Vietnam früher oft in Panik geriet, wenn ich meinen Jungen, aber auch andere Babys, weinen hörte. Wenn ich heute ein Baby weinen höre, erlebe ich immer noch Angst, aber ich kann mich herabbeugen, um das Baby in meine Arme zu nehmen. Ich tue das in Verbundenheit mit der Angst. Und wenn ich aus einem Traum erwache, wenn ich in dem Raum zwischen Schlafen und Wachsein bin, wenn ich schweißbedeckt bin, Nachtschweiß, dann kann ich einen Moment lang Blut riechen. Einen Augenblick lang bin ich unsicher, ob ich träume oder ob die Erfahrung real ist. Vielleicht gehen die Gerüche nicht vorbei, vielleicht gehen diese Empfindungen nicht vorbei, vielleicht verlassen mich die Schreie der Sterbenden niemals. Doch wenn ich willens bin, tief in die Natur meines Selbst zu blicken, mein Leiden zu umarmen, und wenn ich in meiner spirituellen Praxis verwurzelt bin, dann kann ich vielleicht wie stilles Wasser werden, und mein Bezug zu diesen Träumen wird sich allmählich verändern, mein Bezug zu den Schreien wird sich ändern, mein Bezug zu den Gerüchen wird transformiert werden, er wird nicht verschwinden, aber all dies wird transformiert werden können.

Kürzlich sagte ein Mann zu mir während eines Gesprächs: »Wenn man keine Gefühle hätte, wenn man fühllos wäre oder in der Lage, seine Gefühle zu leugnen, dann würde man wahrscheinlich keine Probleme mit dem Krieg haben.« Doch Tatsache ist, dass die große Mehrheit der Menschen, die sich vor der Realität ihrer Kriegserfahrungen verschlossen hat, zutiefst leidet. Davonlaufen, den Kopf in den Sand stecken – das beseitigt das Leiden nicht, es treibt es nur in tiefere Schichten. Unser Leiden beherrscht uns ganz entscheidend, in der einen oder anderen Form. Wir können uns vor unserem Leiden nicht verstecken. Das zu versuchen ist, als ob wir versuchten, einen Liter Blut in ein Halblitergefäß zu füllen: Es wird überlaufen und sich ausbreiten und jeden Aspekt unseres Lebens in Mitleidenschaft ziehen.

Das ist mir geschehen, als ich ganz unten ankam. Der Schmerz war so intensiv, dass ich nicht wusste, wie ich ihn halten sollte. Ich dachte, mein einziger Ausweg läge darin zu sterben. Ich wusste nicht, wie ich diesen Schmerz ertragen sollte – er war so ungeheuer mächtig. Wenn wir zum Leiden erwachen, fühlen wir uns vielleicht manchmal dem Explodieren nahe. Denn zum grenzenlosen Leiden zu erwachen ist eine eindringliche Erfahrung; der Schmerz – überaus heftig; die Gefühle – überwältigend, unermesslich überwältigend. Raumlos. Formlos. Leer.

Ich helfe Menschen dabei, sich die Hilfsmittel anzueignen, die ihnen dienlich dabei sind, in jenen Momenten für sich zu sorgen, an jenen Höllenorten, wenn sie bewusst, gegenwärtig und vielleicht zum ersten Mal mitten in ihrem Schmerz sind. Ich begleite Menschen dorthin und unterstütze sie dabei, angesichts der gegebenen Realität für sich zu sorgen. Ich sitze bei Sterbenden, Verwundeten, Versehrten. Ich ermutige sie, ihre Geschichten zu erzählen, und ich höre ihnen zu. Ich gehe an die Front und spreche mit Soldaten darüber, nicht zu kämpfen. Ich spreche freimütig über das, was die Folgen des Krieges bedeuten. Ich suche die Krankenhäuser und psychiatrischen Anstalten auf, in denen sie Kriegsopfer zu verbergen trachten, und höre mir deren Geschichten an. Ich sitze bei den Ausgegrenzten, bei den gesellschaftlich und kulturell Gemiedenen und höre mir ihre Geschichten an. Ich übe dabei das Einatmen und das Ausatmen. Ich übe, vollkommen gegenwärtig zu sein, nicht nur intellektuell, und biete ihnen das Werkzeug der zen-buddhistischen Praxis an. Ich helfe ihnen, die Sitzmeditation zu entdecken und zu erforschen, die Gehmeditation, die achtsame Rede und das tiefe Zuhören. Ich biete ihnen die Gelegenheit, Sangha (Gemeinschaft) zu erleben. Die Möglichkeit, Gemeinschaft im Prozess des Erwachens als Unterstützung zu erfahren. Ich lade Menschen ein, durch diese Praxis ihre Isolation aufzuheben. Denn gemeinsam können wir mehr tun als allein. Diese Werkzeuge sind wichtig, diese Praxis ist wichtig, ja entscheidend, denn Leiden ist eine Realität unseres Lebens, unser aller Leben. *Apocalypse Now* spielt nicht nur in Vietnam, betrifft nicht nur Vietnam-Veteranen. *Apocalypse Now* gilt für uns alle, denn wir alle haben von den Früchten des Krieges gekostet, den Früchten der Gewalt, den Früchten des Hasses. Wenn wir nicht dazu erwachen, dann wird es uns zerstören. Von innen heraus wird es uns zerstören. Ich weiß das aufgrund meiner persönlichen Erfahrungen. Und ich weiß das, weil ich es rings um mich beobachte.

Die negativen Folgen von Krieg und Trauma können transformiert werden

Meine Erfahrungen, die ich in der spirituellen Gemeinschaft in Frankreich, auf der Straße, in Kriegsgebieten, bei vielen Retreats und auf meinen Pilgerreisen gesammelt habe, zeigen mir, dass die negativen Erfahrungen von Krieg und Trauma durch die beständige Verpflichtung, in der Wirklichkeit des Lebens zu leben, transformiert werden können. Ich stelle fest, dass diese Erfahrungen in positivere Erfahrungen verwandelt werden können. Das Leben kann anders sein. Wenngleich ich besondere Gelübde abgelegt habe, mein Leben diesem Zweck zu widmen, bin ich kein besonderer Mensch. Jeder und jede von uns kann diese Transformation erleben.

Es erfordert allerdings, eine innere Verpflichtung einzugehen – eine beständige innere Verpflichtung. In meinem Fall war die Verpflichtung darauf gerichtet, mein Leben anders leben zu wollen, den Wandel zu wollen. Und es erfordert die Bereitschaft, alles zu tun, um anders zu leben: Ich will nicht töten, ich will nicht, dass mein Sohn tötet, ich will, dass die Gewalt ein Ende nimmt, und dennoch kann ich dieses nicht predigen – ich kann es nur vorleben. Es gibt so viele Traumata und so viel Traurigkeit in der Welt, so viel Leiden. Ich muss willens sein, mir das anzusehen, und begreifen, dass ich verantwortlich bin – dass ich zu diesem Kreislauf beitrage. Durch meine Praxis kann ich erkennen, auf welche Weise ich dazu beitrage, und damit aufhören. Und ich will aufhören, dazu beizutragen. Also suche ich nach Wegen, das zu bewerkstelligen.

Das ist kein Prozess, der sich über Nacht vollzieht. Ich kann nicht in einer Minute oder in zwei Minuten oder in drei Minuten oder in einem Tag oder einem Jahr lernen, wie ich das Leiden beenden kann, obwohl in den buddhistischen Unterweisungen steht, dass auch dies möglich ist. Plötzliche Erleuchtung wird das genannt. Meiner Erfahrung nach ist es ein eher gradueller Prozess, ein Lernprozess. Lernen durch meine Fehler, durch mein Menschsein. Wichtig und von der Praxis befördert ist die Erkenntnis, dass das Erwachen, das Heilen, kein intellektueller Vorgang ist. Es ist nichts Analytisches. Es ist nichts, das ich mit meinem denkenden Selbst erfassen kann; es gibt kein Buch darüber. Auch nicht dieses. Ich muss mich selbst voll ins Leben hineinbegeben. Ich muss tief in meine Natur blicken, um zu meinem Leiden zu erwachen, meinem Schmerz, um die Natur meiner Erfahrungen aufdecken und erkennen zu können.

Solange ich mich der Erkenntnis nicht stelle, wie tiefgreifend sich der Krieg auf mich ausgewirkt hat, solange ich die Erfahrungen, die ich gemacht habe, nicht berühre, werde ich nicht in der Lage sein, sie zu transformieren – werde ich nicht in der Lage sein, die andere Seite zu sehen und Frieden zu finden. Doch wenn ich diese Erfahrungen einer tiefen Betrachtung unterziehe, dann kann ich sehen, dass Freude die andere Seite des Leidens ist, dass Liebe die andere Seite des Hasses ist. Ich kann auf die andere Seite hinübergelangen, ich kann in einer anderen Beziehung mit meinem Leiden leben.

Wenn ich mein Leiden vermeiden muss, um Glück zu erleben, dann ist das kein wahres Glück. Es ist nicht möglich, wahrhaft glücklich zu sein, ohne unser Leiden zu berühren, ohne ihm zu erlauben, in unserem Leben gegenwärtig zu sein. Ich muss lernen, wie ich es behutsam halten kann, wie ich es hegen und trösten kann, als wäre es ein kleines Kind. Und indem wir das Leiden in unserem Leben willkommen heißen, erwächst daraus Freude. Das kann jetzt geschehen; diese Art Transformation kann gleich jetzt geschehen.

Wenn ich tief in die Natur meines Leidens blicke, voller Achtsamkeit hineinatme, es in meinem Leben willkommen heiße, es mit anderen in meiner Umgebung teile, dann besteht die Möglichkeit der Transformation.

Diese Transformation ist wichtig, weil ich Verantwortung dafür trage, für den Vietnam-Veteranen, der ich bin, zu leben und zu heilen. Ich trage Verantwortung dafür, den Kreislauf des Leidens in mir selbst nicht länger fortzuführen. Wir tragen Verantwortung dafür zu heilen, damit der Tod all derjenigen, die je in irgendeinem Krieg gestorben sind, nicht vergeblich war. Denn durch ihren Tod erlangen wir die Verantwortung, zu lernen und klar zu erkennen, dass Krieg und Gewalt in jedweder Form niemals eine Lösung sind. Dass Krieg und Gewalt in jedweder Form nicht zu Frieden führen. Der Tod der anderen trägt also in dieser Hinsicht zu unserer Heilung bei. Wenn der Krieg hier, in uns, ein Ende findet, findet Krieg ein Ende. Wenn ein jeder den Krieg in sich beendet, gibt es keine Saat mehr, aus der Krieg erwachsen könnte.

Als ich Thich Nhat Hanh das erste Mal sprechen hörte, dachte ich, ich müsse mich gleich jetzt, in diesem Augenblick transformieren. Wenn ich nicht im Verlauf eines einwöchigen Retreats Abfall in Rosen verwandelte, wäre ich ein kompletter Versager. In einem Gespräch sagte Thich Nhat Hanh zu mir: »Du hast den Prozess der Transformation begonnen. Es lässt sich nicht sagen, wie lange es dauern wird, aber du musst fortfahren, der Saat des Kummers und der Saat des Leidens mit deiner ganzen Achtsamkeit zu begegnen, tief in die Natur deines Selbst hineinzublicken und bereit zu sein, die ganze Saat, die in dir und in jeder und jedem Einzelnen von uns ist, aufrichtig zu betrachten.«

Der Prozess des Erwachens vollzieht sich nicht an einem Tag oder in zwei Jahren. Er kann lange Zeit dauern. Während dieses Prozesses muss ich mir die Handlungen vergeben, die ich in Unachtsamkeit begehe; ich muss liebevoll mit mir umgehen, ohne faul oder nachlässig zu sein; ich muss diszipliniert und entschieden mit mir umgehen. Ich muss mich dem Akt des Erwachens verschreiben. Wenn ich aus dem Leiden heraus handele, muss ich in der Lage sein, mir dafür zu vergeben, doch ich muss ebenso entschlossen sein, es nicht zu wiederholen.

Die Gesellschaft und die Kultur, in der ich lebe, haben mich gelehrt, dass Heilung die Abwesenheit von Schmerz ist, aber ich bin zu der Überzeugung gelangt, dass Heilung nicht die Abwesenheit von Schmerz und Leiden ist. Heilung heißt, in Einklang mit unserem Schmerz und unserem Leiden zu leben, so dass wir nicht davon beherrscht werden. Der einzige Weg, wie ich meine Wunden heilen kann, der einzige Weg, wie ich erwachen kann, liegt darin, in Achtsamkeit im gegenwärtigen Augenblick zu leben, einzuatmen und auszuatmen. Jedes Mal, wenn ich mit meiner Angst in Berührung gerate, muss ich als Erstes lernen, eine offene Beziehung zu meiner Angst herzustellen; ich darf ihr weder anhaften noch sie zurückweisen, und dann muss ich nachsehen, was hinter dieser Angst liegt. Es ist, als ob ich Steine umdrehe. Ich muss Steine umdrehen, bis zu dem Tag, an dem ich sterbe, und ich muss immer gründlicher hinsehen.

Es gibt keine Heilung ohne Verletzbarkeit, das ist unmöglich. Für diese Realität müssen wir offen sein; wir dürfen nicht vor ihr davonlaufen. Wir erkunden die Natur unseres Leidens, indem wir direkt ins Leben hineingehen, uns auf das Unbekannte einlassen; indem wir uns mit jedem Schritt herausfordern, und zwar nicht ohne Mitgefühl; indem wir uns wirklich vorwagen und bereit sind, Fehler zu machen. So erkunden wir die Natur unseres Leidens.

Von den Folgen des Krieges zu genesen heißt nicht, dass plötzlich alles in Ordnung sei. In einem Buch, das ich vor einiger Zeit gelesen habe, *Achilles in Vietnam: Combat Trauma and the Undoing of Character,* schreibt Dr. Jonathan Shay, ein Psychiater, dass Heilung von einem Trauma die Kommunalisierung dieses Traumas erfordert – das Mitteilen. Es einer Gemeinschaft mitzuteilen, bei der wir darauf vertrauen können, dass sie zuhört, uns trägt und die Geschichte auf eine ehrliche Weise wiedererzählt.

Als ich anfangs unter meinem Kriegstrauma litt, wusste ich nicht, dass ich meine Geschichte erzählen musste, dass ich über meine Erfahrungen sprechen musste, dass ich darüber reden und reden und reden musste. Dazu wurde ich nicht ermutigt. Das Bedürfnis, darüber zu sprechen, ist wahr, und es ist wahr für alle, die jemals ein Trauma erlitten haben, und wir alle haben Traumata dieser oder jener Art erfahren. Oft höre ich Menschen sagen: »Oh, über diese Dinge aus meinem Leben könnte ich nie sprechen. Was würden denn die Leute von mir halten?« Ich vermute, dass diese Menschen im Netz der Scham und Schuld gefangen sind. Wir mögen glauben, dass eine gewisse Sicherheit darin liegt, Dinge verborgen zu halten, doch den ganzen Schmerz für uns zu behalten, führt nicht zu Heilung, sondern nährt Missbrauch, den Missbrauch unserer selbst und aller fühlenden Wesen um uns herum.

Wir sind zum Großteil von unserer Gesellschaft und unserer Kultur konditioniert, nicht zu reden. Doch wenn wir nicht reden, wenn wir keine Sprache erschaffen, um unsere Gefühle auszudrücken, dann wird keine Heilung stattfinden. Dann fahren wir fort, alles einzulagern und den Kreislauf des Leidens fortzuführen. Der erste Schritt, der ein Schritt ins Unbekannte genannt werden kann, besteht darin, dass Sie Ihre Geschichte erzählen. Um diesen Prozess zu beginnen, ist ein sicherer Rahmen hilfreich und nötig. Der Sinn meiner Ordination bestand darin, die Werkzeuge zu finden und bereitzuhalten, die diesen Prozess befördern, nämlich den Rahmen zu schaffen und bereitzuhalten, damit Menschen, die ihre Geschichten erzählen wollen, das tun können und ich und andere ihnen zuhören. Ich werde zuhören, wie sie ihre Geschichten erzählen und wieder erzählen und wieder erzählen. Auf diese Weise nimmt Heilung ihren Verlauf.

Heilung ist nicht einfach etwas, das einem Menschen, der ein Trauma erlebt hat, geschieht, sondern es ist ein aktiver Prozess der Selbstheilung. In unserer Gesellschaft lernen wir, dass wir von außen geheilt werden – von einem Arzt, einer Therapeutin, einem Priester oder Gott, wenn man so will. Der buddhistischen Sichtweise zufolge sind wir für unsere Heilung selbst verantwortlich. Wir benötigen Hilfsmittel, die uns auf unserem Weg förderlich sind, und diese müssen wir finden. Sie wurzeln in spiritueller Praxis, in der spirituellen Realität des Lebens. Unsere Geschichte zu erzählen stellt ein wichtiges Hilfsmittel dar.

Das, was Krieg, was Leiden zugrunde liegt, wird oft nach außen projiziert. Dabei sehen wir äußere Quellen entweder als Ursache unseres Leidens oder als Heilquelle an. Wenn wir äußere Quellen als Ursache betrachten, dann kann unser Geist uns glauben machen, dass das Leiden verschwinden wird, sobald wir seine mutmaßliche Quelle beseitigt haben. Im Krieg wird diese Sichtweise befördert und verschafft sich in Gewalttätigkeit ihren Ausdruck. Sobald wir diesen Pfad eingeschlagen haben, sitzen wir in der Falle; die Gewalt beherrscht uns und erzeugt einen Teufelskreis, der sich ungehindert fortsetzt, bis er durchbrochen wird. Wenn ich mich davon abwende, geht er dennoch nicht fort, die Gewalt bricht sich dann einfach indirekt Bahn und manifestiert sich auf vielfältige Weise. Wenn ich nicht tief in die Natur des Leidens hineinschaue, setzt sich der Krieg fort. Ich muss begreifen und akzeptieren, dass Krieg sich auf mein Leben auswirkt. Ich muss das Leiden akzeptieren, mit dem Krieg mich infiziert. Ich muss lernen, wie ich es umarmen kann, damit ich sein Antlitz genau zu erkennen vermag, wenn es das Gewebe meines Lebens durchdringt, damit ich nicht davon beherrscht werde. Und wenn es auftaucht, liegt es an mir zu entscheiden, wie ich mich in Bezug darauf verhalten möchte. Die Entscheidung liegt bei mir. Wir waren vielleicht nicht in der Lage, das Trauma zu beeinflussen, das wir erlebt haben, aber wir haben Einfluss auf seine Heilung.

Die Reise zurück zu meinem Sohn

Ich verließ meinen Sohn, Zach, als er drei Jahre alt war, und war in seinem Leben nicht anwesend bis er acht Jahre alt war. Zu dieser Zeit war mein Leben zunehmend chaotisch und hoffnungslos, und mein Drogen- und Alkoholkonsum, die Gewalt und sexuelle Promiskuität nahmen zu. Ich glaube, dass meine Abwesenheit meinen Sohn wahrscheinlich vor einer Menge Schaden bewahrt hat. Aber ich weiß auch, dass er deshalb gelitten hat. Als er acht Jahre alt war, zog ich in den Ort zurück, in dem er mit seiner Mutter lebte. Aber ich war unfähig, irgendeine liebevolle und wohlwollende Beziehung zu ihm zu entwickeln, weil ich immer noch in meinem Leiden feststeckte und mir nicht bewusst war, dass ich etwas an meiner Situation hätte ändern können. Aber es lag an meiner Sehnsucht, mit ihm in Verbindung zu sein, und an meinem Verantwortungsgefühl als sein Vater, egal wie weit entfernt dieser Ruf auch war, dass ich das Bedürfnis verspürte, etwas anderes mit meinem Leben anzufangen.

Er war ungefähr elf Jahre alt, als ich die Therapie gegen meine Drogen- und Alkoholsucht begann. Zu diesem Zeitpunkt entschloss ich mich, alles mir Mögliche zu tun, um zu gesunden und um die Ursachen und Bedingungen meines Leidens zu erkennen. Ich wusste, dass ich tief in mich hineinschauen musste, um zu verstehen, was mich daran hinderte, der Vater für meinen Sohn zu sein, den er verdiente: ein Mann, der emotional präsent, vertrauenswürdig und liebevoll ist.

Als ich mich selbst veränderte, begann sich auch meine Beziehung zu meinem Sohn zu entwickeln und zu vertiefen. Von dem Zeitpunkt an, als mein Sohn elf Jahre alt war, bis er die Höhere Schule absolvierte, nahm ich jede Gelegenheit wahr, mit ihm in Verbindung zu sein. Ich versuchte, in unterstützender und positiver Weise Einfluss auf sein Leben zu nehmen. Das war schwierig, da ich so viele Schuldgefühle mit mir herumtrug dafür, dass ich ihn verlassen hatte. Nachdem ich nach Massachusetts umgezogen war, fuhr ich so häufig ich konnte nach Pennsylvania, um ihn zu besuchen. Ich erinnere noch, wie schwer es für mich war, wieder aufzubrechen, und wie schwer es für ihn war, dass ich wieder wegfuhr. Häufig gelang es ihm, kurz bevor ich abfuhr, zu verschwinden. Ich bin dann einfach nicht abgereist. Ich wartete und wartete, bis er zurückkam und wir die schwierige, schmerzhafte und wichtige Arbeit des Verabschiedens tun konnten.

Er kam auch zum Erntedankfest und an Weihnachten zu mir zu Besuch, und ich habe diese Gelegenheiten sehr gut in Erinnerung behalten. Es waren allerdings keine einfachen Zeiten, weil ich nicht nur eine Person sein wollte, mit der er Spaß hat und die ihn dann wieder zu seiner Mutter zurückschickt, die ihn versorgte und ihm Disziplin abverlangte. Ich wollte nicht der »Elternteil für den Spaß« sein, allein schon aus Respekt vor seiner Mutter, die so hart arbeitete und sich so bemühte, ihm eine stabile Basis zu bieten, auf der er wachsen konnte.

An einem bestimmten Punkt, als er ein Teenager war, erzählte ich ihm, dass es mir sehr gefallen würde, wenn er zu mir ziehen und ein Jahr mit mir verbringen würde. Seine Antwort war nein. Ich war sehr enttäuscht und dennoch akzeptierte ich es. Seine Entscheidung leuchtete mir ein. Er wollte einfach nicht von seinen Freunden getrennt sein. Während seiner letzten Schuljahre kamen wir uns dann sehr viel näher. Ich denke, das lag daran, dass er Fragen hatte, die seine Mutter einfach nicht beantworten konnte. Hinzu kam, dass seine Mutter zu diesem Zeitpunkt wieder heiratete und er damit recht große Schwierigkeiten hatte. Unbewusst hatte ich mich auf diese Gelegenheit mit all der emotionalen, psychologischen und spirituellen Arbeit, die ich getan hatte, vorbereitet. Ich war endlich dazu in der Lage, ihm die Unterstützung zu bieten, die er verdiente. Obwohl es eine herausfordernde Zeit war, glaube ich, dass ich der Vater für ihn sein konnte, den er in diesem Lebensabschnitt brauchte.

In jener Zeit erzählte er mir auch, dass er Pilot werden wolle und fragte mich, wie und wo er das lernen könne. Daher tauchte die Frage, ob er im Militär dienen würde, nun auch direkt in unserer Beziehung auf, weil er natürlich im Militär auch die Fliegerei hätte lernen können. Trotz allem, was ich durchgestanden hatte, wollte ich diese Entscheidung nicht für ihn treffen. Ich gab mir die größte Mühe, ihm einfach die Informationen zu geben, die ich hatte, so dass er seine eigene sachkundige Entscheidung treffen konnte. Es war eine große Herausforderung für mich, nicht zu versuchen, ihn zu kontrollieren. Aber ich erinnerte mich, wie mein Vater meine Wahl zwischen der Universität und dem

Militärdienst gehandhabt hatte. Ich wollte sichergehen, dass es für meinen Sohn anders sein würde.

Als er dann zur Universität ging, begann er mehr und mehr Zeit mit mir zu verbringen. Wir verreisten gemeinsam und teilten viele wunderbare (und schwierige) Augenblicke miteinander. Ich brachte ihm bei, wie man Motorrad fährt, und wir machten gemeinsam etliche Ausflüge. Wir zelteten, kletterten und trieben Sport zusammen. Er lebte während der Sommerferien bei mir, sodass wir gemeinsam kochen und zusammen die Wäsche erledigen konnten. Wir teilten nun auch mehr die praktischen Seiten des Lebens, nicht nur die Sachen, die Spaß machen.

In dieser Zeit fragte ich ihn oft, was es mit ihm gemacht hatte, dass ich ihn als Kind verlassen hatte. Ich wollte es wissen, weil ich mir sicher war, dass auch er davon beeinflusst worden war, und ich wollte dieses Thema nicht vermeiden, nur weil es schwierig schien. Seine Antwort darauf lautete, dass es für ihn nicht von großer Bedeutung gewesen sei. Obwohl ich wusste, dass das sehr wahrscheinlich nicht so ganz stimmte, musste ich Zurückhaltung üben und erst einmal hinnehmen, dass dies für jetzt das Einzige war, was er mir dazu sagen konnte. Allerdings befürchtete ich auch, dass er am Ende, wenn er nicht über diese emotionale Wunde sprechen konnte, einige, wenn nicht sogar alle furchtbaren Realitäten meines Lebens wiederholen könnte. Aber ich sah auch ein, dass ich diese Angst aushalten musste; ich musste der Angst gestatten, da zu sein, anstatt sie auszuleben. Ich durfte ihn nicht drängeln, nicht fordern oder versuchen, der Möglichkeit vorzubeugen, dass er sich emotional verschließen würde, so wie ich es getan hatte. Das war manchmal wirklich sehr schwer.

Im Laufe der Jahre besuchten mein Sohn und ich eine Therapeutin, und eine Zeit lang war er allein in Therapie.

Das war sehr heilsam. Während einer unserer Therapiestunden kam eine wichtige Wahrheit ans Tageslicht: Mein Sohn war in der Lage auszudrücken, dass er nicht solche großen Schwierigkeiten mit meiner Abwesenheit gehabt hatte, sondern vielmehr mit meiner Anwesenheit. Es war natürlich schwierig, dem zuzuhören. Er hatte sich daran gewöhnt, dass ich weg war. Es war meine Rückkehr, die für ihn schwer zu handhaben gewesen war. Aber es war wichtig, dass dies auftauchte, dass ich es hörte und verstand, sodass sich unsere Beziehung vertiefen konnte.

Obwohl die Übergänge, die wir in unserem gemeinsamen Wachstumprozess erlebten, nicht immer einfach waren, waren wir in der Lage, durch diese sicher hindurch zu navigieren, und unsere Beziehung ist tiefer und näher geworden. In seinen späten Zwanzigern entschied sich mein Sohn dazu, sich seinen Kindheitstraum, die Fliegerei zu erlernen, zu erfüllen. Während ich das hier schreibe, hat er einen Großteil der Ausbildung bereits absolviert, was ihn befähigen wird, dem Beruf des Piloten nachzugehen, und zwar außerhalb des Militärs. Wenn ich sehe, wie mein Sohn in seinem Leben voranschreitet, bin ich von Bewunderung für ihn erfüllt. Ich stimme nicht immer mit seinen Entscheidungen überein und unterstütze diese auch nicht immer, dennoch respektiere ich den Prozess, den er durchläuft. Er ist intelligent, freundlich, bedacht, einfühlsam und fürsorglich. Er ist ein wundervoller Mensch und ein liebevoller Sohn. Ich bin jeden Tag dankbar, ihn zu kennen und Teil seines Lebens zu sein.

Frieden ist nicht die Abwesenheit von Konflikten – Frieden ist einzig die Abwesenheit von Gewalt im Konfliktfall

Thich Nhat Hanh hat gesagt: »Wir brauchen dringend Frieden, aber um Frieden zu bringen, musst du Frieden sein.« Doch was ist Frieden? Ich habe keine Ahnung. Aber ich weiß, dass wir, wenn wir eine bestimmte Vorstellung von Frieden haben, uns auf eine sehr enge, begrenzte Perspektive festlegen und dieser vielleicht dermaßen verhaftet sind, dass wir noch nicht einmal in der Lage wären, Frieden zu erkennen, wenn er uns auf dem Schoß säße. Frieden ist keine starre, dogmatische Realität, Frieden ist etwas Organisches, das sich den Umständen und Situationen entsprechend fortwährend wandelt. Wenn wir blindlings unsere vorgefasste Meinung, was Frieden ist (oder was überhaupt irgendetwas ist), durchsetzen wollen, werden wir den Frieden und das Potenzial für Frieden, die in einem bestimmten Augenblick vorliegen, nicht sehen.

Was ich über Frieden gelernt habe, ist, dass Frieden nicht die Abwesenheit von Konflikten bedeutet – Frieden ist einzig die Abwesenheit von Gewalt im Konfliktfall. Einen Konflikt beizulegen erfordert, dass wir die Aggression berühren, die Wut berühren, die Gewalt berühren und uns ihr nicht überlassen – das ist die Botschaft, die ich gelernt habe (und noch immer lerne). Wir können und müssen lernen, wie wir in Unstimmigkeit miteinander sein können. Konflikte wird es immer geben – was zählt, ist, *dass* wir uns mit dem Konflikt befassen und *wie* wir uns damit befassen. Wenn wir uns auf einen Konflikt einlassen, kommen wir von Angesicht zu Angesicht mit dem Leiden, unserem wie dem von anderen, in Berührung. Wenn wir im Konfliktfall andere für unser Leiden verantwortlich machen, statt selbst die Verantwortung dafür zu übernehmen, wird der Konflikt höchstwahrscheinlich nicht gelöst werden, sondern die Situation wird eskalieren und die Form von Aggression und Gewalt annehmen.

Wir müssen nicht in Gewalt leben. Ich weiß das aus eigener Erfahrung. Wenn wir wirklich anders leben wollen, können wir das. Es ist keine Frage der Politik, sondern der Taten. Es geht nicht darum, ein politisches System zu verbessern und auch nicht nur darum, sich um obdachlose Menschen zu kümmern. Beides ist verdienstvoll, aber allein davon werden Krieg und Leiden nicht beendet werden.

Wir müssen einfach aufhören, die endlosen Kriege auszufechten, die in uns toben. Sobald ich mich diesem Prozess widme, kann ich anfangen, die Wunden der Kriege, die ich gefochten habe, Heilung erfahren zu lassen: die Wunden des Krieges in der Familie, in der Schule, in der Gesellschaft, eines Lebens mit Alkohol und Drogen oder der Erfahrungen in Vietnam. Es geht darum, mein Leben anders zu leben, auf eine Weise, die sich von der, zu der ich erzogen worden bin, radikal unterscheidet. Wenn ich für die Gewalt in mir wirklich offen bin, gibt es die Möglichkeit der Heilung, und ich erkenne, dass es einen anderen Weg gibt zu leben und dass Gewalt nicht länger diktieren muss, wie mein Leben aussieht.

Und dann kann ich anfangen, Frieden zu stiften, indem ich Frieden bin. Ich kann einen Krieg, der außerhalb von mir stattfindet, nicht beenden, aber ich kann den Krieg in mir selbst beenden. Indem ich zur Natur meines Leidens erwache, zu den Ursachen und Bedingungen meines Lebens, und indem ich die Dinge anders mache. Heilung, Transformation ist nicht etwas, das wir tun. Es ist ein Begleitprodukt, wenn wir erwachen und unser Leiden umarmen. Wenn wir uns bewusst werden, dass es existiert, so dass es uns nicht beherrscht. Freude ist nicht etwas, das wir erhaschen können, das wir ergreifen, das wir festhalten können. Freude ist ein Begleitprodukt, wenn wir unser Leiden durchschreiten. Das, was wir erfahren, wenn wir unser Leiden nicht durchschreiten, ist flüchtiges Vergnügen und führt den endlosen Kreislauf des Leidens fort. Freude, wahre Freude existiert, wenn wir Arm in Arm mit unserem Leiden dahinschreiten, ihm weder anhaften noch es zurückweisen.

Ich habe über den Krieg gesprochen, der in meiner Kindheit zu Hause gewütet hat. In jenem Krieg waren all die Kriege verwurzelt, die später in meinem Leben folgten. Auf das, was meine Mutter und mein Vater taten, hatte ich keinen Einfluss. Was ich hingegen mit den Folgen dieser Erfahrung anfange, liegt in meiner Verantwortung. Wenn ich weiterhin meinen Eltern Schuld zuweise und sie für mein Tun verantwortlich mache, werde ich niemals heilen.

Was können wir tun, um nur die gute Saat des Friedens, die wir besitzen, zu kultivieren und zu hegen, und nicht die Saat des Krieges? Nichts. Wir können das eine nicht ohne das andere haben. Wir können jedoch das Antlitz des Krieges verändern. Wenn wir zur Wirklichkeit unseres Leidens erwacht sind, beginnen wir die Saat des Krieges zu erkennen und zu verstehen. Wir verstehen, in welchem Ausmaß wir wählen können, wie wir uns dem Leben, dem Krieg und der Gewalt widmen wollen. Wir müssen mit dem Feind zusammensitzen, denn der Feind ist niemand anderes als wir selbst. Wenn wir das verstehen und akzeptieren, dann werden wir anfangen, Frieden zu finden.

Als ich in Concord, Massachusetts, lebte, hatte ich mir dort ein kleines Häuschen gemietet. Dieses Häuschen war das einzige wahre Zuhause, das ich je hatte. Dieses Haus unterstützte mich; es diente mir als Einsiedelei; es war ein Ort, an dem ich mich sicher fühlte und an den ich mich zurückziehen konnte, wenn meine noch sehr zaghafte Beziehung zur Welt draußen einfach zuviel für mich wurde; eine Welt, die ich oft als ablehnend, widersprüchlich und unsensibel wahrnahm. Die meisten der Erfahrungen, die mich veränderten und mir erlaubten, in einer ganzheitlicheren Art und Weise mit meinem Leiden zu leben, fanden mit Unterstützung dieses Häuschen statt, diesem verlässlichen Ort, wo ich mich daheim fühlte. Ich hatte mich so lange in meinem Leben nicht geborgen gefühlt. Diese Sicherheit war unverzichtbar für meinen Heilungsprozess.

Wie ich schon erwähnte, habe ich einen gestörten Schlafrhythmus. Ich leide daran seit einem alptraumartigen Angriff in Vietnam im Jahre 1967. Seit dieser Zeit schlafe ich nachts nicht mehr als zwei Stunden am Stück. Jahrelang habe ich gegen diese Tatsache angekämpft. Meine Schlaflosigkeit wurde zu einem Symbol für mich, das besagte, dass ich nicht mehr »normal« war. Es war eine ständige Ermahnung an den Krieg, der mich nicht in Frieden lassen wollte. Ich wünschte mir so sehr, dass mein Leben anders wäre, als es war. Meine Schlaflosigkeit wurde zu einem zentralen Symbol meines Gestörtseins, meiner tiefsten Ängste, dass ich nie wieder ganz heil sein würde.

Wenn der seltene Fall eintrat, dass ich eine Arbeit fand, konnte ich den Job nicht behalten, weil ich nicht so gut funktionieren konnte wie die Menschen, die nachts gut schlafen. Ich war gewöhnlich müde und abgelenkt. Manchmal schaffte ich es einfach nicht, pünktlich zur Arbeit zu kommen, weil die frühen Morgenstunden die einzige Zeit waren, in der ich schlafen konnte.

Ein Grund, weshalb ich mit dem Schlafen Schwierigkeiten hatte, lag darin, dass ich Angst vor der Nacht hatte: die Geräusche der Artillerie (die nicht da war), die aber für mich in der Ferne zu hören war; die Geräusche der Sturmhubschrauber; der seltsame Anblick von allem, was durch künstliches Licht beleuchtet wird; die Geräusche von Schüssen aus Handfeuerwaffen; die Geräusche der Verwundeten, die nach einem Sanitäter schreien. Das sind die Dinge, die in der besonderen Stille der Nacht für mich auftauchten. Ich hasste den Sonnenuntergang. Ich haderte und kämpfte mit meiner Schlaflosigkeit. Je mehr ich damit herumkämpfte, desto schwieriger wurden die Nächte. So wandte ich mich zur Linderung dem Alkohol und anderen Drogen (legalen und illegalen) zu, aber mein Leiden wurde nur schlimmer.

Nachdem ich 1983 den Drogen- und Alkoholentzug gemacht hatte, hörte ich auf, mich in Rauschmittel (bzw. in die offensichtlichen Formen von Drogen) zu flüchten. Rückblickend war das wahrscheinlich das allerwichtigste Ereignis in meinem Leben, weil mir das die Gelegenheit gab, mein eigenes Leben zu erfahren und es direkt zu erleben – der einzige Ort, von wo aus Heilung und Transformation beginnen kann.

Einige Jahre nachdem ich trocken geworden war, stand ich in meinem Häuschen in Concord am Küchenwaschbecken und war dabei, Geschirr zu spülen. Über dem Waschbecken war ein Fenster, aus dem ich eine Reihe von hohen Kiefern entlang der Einfahrt sehen konnte. Als ich an diesem Tag das Geschirr spülte, beobachtete ich ein Eichhörnchen, das mit dem beschäftigt war, was Eichhörnchen so tun. In diesem Moment hatte ich eine starke Erfahrung. Eine Stimme in mir, die Stimme des Bewusstseins, sagte zu mir: »Du kannst also nicht schlafen. Na und?« Ich begann zu lachen. Es war ein Moment vollkommener Akzeptanz. Ich verstand endlich, dass ich einfach so war, wie ich war. Widerstand zu zeigen, zu kämpfen, zu versuchen, die grundlegende Beschaffenheit meines Lebens zu verändern, all das machte die Sache nur noch schlimmer. Da verstand ich, dass ich einfach lernen musste, mit der Wirklichkeit dessen, wer ich bin, zu leben. In diesem Augenblick entdeckte ich, dass Heilung und Transformation hier inmitten des Leidens und der Verwirrung geschehen können, wenn ich damit aufhören kann, entkommen zu wollen.

Aber ich bin deshalb niemand Besonderes. Auch Sie können das tun. Sie können sich Ihrem eigenen Kummer stellen, Ihren eigenen Verwundungen. Sie können aufhören, sich ein anderes Leben zu wünschen, eine andere Vergangenheit oder eine andere Realität. Sie können aufhören, gegen die Wahrheit Ihres Selbst anzukämpfen. Ein- und ausatmend können Sie sich Ihrer eigenen Erfahrung öffnen. Sie können einfach fühlen, was auch immer da ist, es ergründen, bis auch Sie die Befreiung entdecken, die sich ereignet, wenn wir aufhören zu kämpfen und für unser Leben ganz gegenwärtig werden. Das ist der wahre Pfad zu Frieden und Freiheit. Sie können es für sich tun; Sie können es für Ihre Familie tun. Unsere gesamte Welt wird profitieren.

Nachwort

Von dem Zeitpunkt an, als ich eingeladen wurde, in Deutschland öffentliche Vorträge zu halten und Retreats zu leiten (was lange vor der Veröffentlichung dieses Buches geschah), war ich mir bereits eines starken Zugehörigkeitsgefühls bewusst. Es gab da immer etwas sehr Vertrautes, das ich nicht ganz erfassen konnte.

Im Frühling 1992 oder 1993 – ich kann mich nicht mehr genau an das Datum erinnern – traf ich einen deutschen Dokumentarfilmer. Sein Name ist Jörg Röttger. Jörg kam für die Aufnahme eines Interviews nach Frankreich. Es ging um ein Interview mit dem Abt des Klosters, in dem ich lebte und studierte. Mir war die Aufgabe übertragen worden, Jörg zu begleiten und ihm die Klosteranlage zu zeigen.

Schon bei dieser ersten Begegnung entwickelte sich eine freundschaftliche Verbindung, die über die Jahre hinweg angedauert hat. Mithilfe dieser Freundschaft und unserer Gespräche begann ich, die Wurzeln dieses tiefen Gefühls der Zugehörigkeit, dieses verwandtschaftlichen Gefühls gegenüber den Deutschen und Deutschland zu verstehen. Ich entdeckte, dass Deutschland und ich eine gemeinsame Erfahrung teilen. Wir haben den Terror des Krieges in all seinen Phasen überstanden und wir teilen die Konsequenzen. Ich bin mir ebenfalls äußert bewusst, dass ich mit Deutschland und den Deutschen eine Verbindung aufgrund der Art und Weise spüre, wie wir fortlaufend als Vehikel der Vermeidung benutzt wurden, und zwar zur Umgehung persönlicher Verantwortung anderer für den Zweiten Weltkrieg, den Holocaust, für My Lai, für Vietnam.

Ich will hinzufügen, dass ich mit dieser Aussage in keiner Weise versuche, weder die Realität oder Folgen meines Handeln als Frontsoldat in Vietnam, noch die Verantwortung der Nazis und Nazi-Deutschlands für die unaussprechlichen Taten, die zum Holocaust führten und der Holocaust wurden, zu vermeiden oder zu minimieren. Für mein Handeln bin ich selbst verantwortlich. Die Frage, die auf dieses Verstehen folgt, bleibt: Da die Vergangenheit die Gegenwart so stark beeinflusst und formt, was kann ich jetzt tun?

Als sich meine Beziehung zu Deutschland vertiefte, wollte ich die Deutschen genauer kennenlernen. Ich wollte mir ein vollständigeres Bild machen und auch in die Ecken und Nischen schauen. Ich wollte die Aspekte des Zweiten Weltkrieges kennenlernen, die nicht so allgemein bekannt sind. Ich wollte mehr über die Gewaltkultur lernen, die im Nationalsozialismus fortgesetzt wurde. Und ich wollte mehr von Deutschland nach dem Krieg erfahren, weil genau das die Identität formt.

Mit diesem Bewusstsein machte ich mich auf, um mehr über die Konditionierung zu Krieg und Gewalt zu lernen – was auch meine eigene Konditionierung ist. Gerade in meiner Verbindung zu Deutschland und durch die Beziehungen, die ich hier knüpfe, bin ich ermächtigt – ermächtigt, auf die sehr persönlichen Wurzeln von Krieg und Gewalt aufmerksam zu machen. Genau durch diesen Prozess, durch dieses Aufwachen oder Erwachen, können Krieg und Gewalt beendet werden.

Seit dieses Buch zum ersten Mal veröffentlicht wurde, habe ich viele Pilgerwanderungen, Meditations-Retreats und öffentliche Vorträge in Deutschland gehalten. Ich habe auf den Straßen von Berlin, Frankfurt, Essen und Köln obdachlos gelebt – als eine spirituelle Übung. Ich bin ständig mit Menschen in Kontakt, die entweder als Soldaten oder als nicht direkt am Kampf Beteiligte Kriegstraumata erfahren haben. Ich treffe auch auf viele Menschen, die glauben, dass sie überhaupt keine ersichtliche Verbindung zum Krieg haben.

Ich besuchte Schulen, Gefängnisse und Klöster. Ich traf mich mit jungen Soldaten, Polizisten und Feuerwehrleuten. Ich traf mich mit Regierungsvertretern und Bauern, Lehrern und Schülern. Bei all diesen Begegnungen traf ich unsäglich viele Menschen, die auf der Suche nach Befreiung waren von etwas, das sie als undefinierbare Angst beschrieben, eine quälende Leere in ihrem Dasein. Menschen, die nicht in der Lage sind, sich verbunden zu fühlen – weder mit sich noch mit einem anderen Menschen, mit einer Gruppe von Menschen oder der Gesellschaft insgesamt. Ich hörte den Geschichten von hunderten, wenn nicht sogar tausenden Menschen zu; den Geschichten der Suche nach der Erlösung oder Absolution von dieser Angst durch eine Lösung, die von außen kommt: die richtige Partnerbeziehung, der richtige Job, ein größeres Haus, eine Religion oder keine Religion usw. Ich hörte diesen Menschen zu, während sie ihren Eltern, den gesellschaftlichen, wirtschaftlichen, politischen und religiösen Strukturen die Schuld an ihrer Situation gaben. Für mich steckt in dieser Argumentationsweise eine Herausforderung. Die Herausforderung besteht darin, dass aus einer bestimmten Perspektive, aus einer gewissen Blickrichtung, diese Argumente gültig sind. In der Tat habe ich mich auch selbst genau dieser Argumente bedient in meinem Bemühen, persönliche Verantwortung zu vermeiden. Das Furchtbare daran ist, dass sie letztendlich nicht funktionieren!

Bei den vielen unterschiedlichen Gelegenheiten, die ich in Deutschland hatte, mich direkt mit Menschen zu treffen, begegnete ich vielen, die wütend waren, deprimiert, isoliert, einsam und suchend. Wenn sich die Möglichkeit ergab, fragte ich diese Menschen binnen kurzer Zeit: »Wie alt bist du?«, »Wann wurdest du geboren?«, »Sind deine Eltern noch am Leben?«, »Was haben sie während des Zweiten Weltkrieges erlebt?«. Oder: »Sind deine Großeltern noch am Leben, und falls ja, wo hielten sie sich während des Zweiten Weltkrieges auf, was haben sie erlebt?«

Häufig vertrauten mir diese Menschen an, dass sie nicht wussten, was ihre Eltern (oder Großeltern) erlebt hatten. Sie vertrauten mir an, dass es keinerlei Gespräche über diese Dinge gegeben hatte. Es war, als ob die Eltern oder Großeltern einen alten, unerwünschten Pullover ausgezogen hätten, ihn in einen Kasten gelegt, den Kasten in einen Schrank gestellt und den Kasten nie wieder geöffnet hätten.

Ich hörte Geschichten von Vätern, die im Alkohol und in Gewalt versunken waren, die emotional leer waren. Ich hörte Geschichten von Müttern, die sich an ihre Kinder klammerten, die ihre Kinder fast erstickten in ihrem Bemühen, sie in Sicherheit zu wiegen. In diesen Geschichten hörte ich die Geschichte meines eigenen Vaters, der Väter meiner Freunde und auch meine eigene Geschichte.

Krieg und die Konditionierung zum Krieg haben einen andauernden und prägenden Einfluss auf Familien. Ganz besonders, wenn der Krieg und die Konditionierung zum Krieg verborgen bleiben. Ich traf viele Menschen in Deutschland, deren Väter während oder nach dem Zweiten Weltkrieg in Kriegsgefangenschaft geraten waren. Eine unter ihnen hieß Gabriela. Ihr Vater war von der amerikanischen Armee an der Westfront gefangengenommen und damals als Kriegsgefangener in die USA transportiert worden. Er war, genau wie ich, 17 Jahre alt gewesen, als er in die Armee eintrat.

Gabriela vertraute mir an, dass sie eine sehr schwierige Beziehung zu ihrem Vater hatte. Sie hasste ihn, sah ihn als den Nazi-Feind und war nicht willens, mit ihm über seine Erlebnisse zu sprechen. Sie hatte kein Interesse. Ihre Einstellung erinnerte mich an die Zeit, als ich aus Vietnam nach Hause zurückkehrte und hörte, wie Leute Vietnamveteranen als »Baby-Mörder« beschimpften. Während ich Gabriela zuhörte, konnte ich diese wütenden Schreie in meinem Kopf hören. In dem Augenblick steckte ich in der Haut ihres Vaters.

Als ich mit ihr sprach, ermutigte ich sie, ihren Vater Joachim zu fragen, ob er sich vorstellen könne, in die USA zu kommen, um die Orte seiner Kriegsgefangenschaft zu besuchen. Ihre spontane Antwort war, dass sie überzeugt davon sei, dass er nein sagen würde. Ich drängte sie, ihn trotzdem danach zu fragen. Sie tat es, und zu ihrer eigenen Überraschung erwiderte ihr Vater, dass dies einer seiner innigsten Wünsche sei.

So begannen wir, diese Reise zu planen, die Reise, die die beiden in die USA bringen sollte, wo ich mich mit ihnen treffen wollte. Joachim, sie und ich wollten diese Orte wieder aufsuchen. Während wir uns auf diesen Trip vorbereiteten, zeigte mir Joachim die Überbleibsel seiner Militärzeit: Fotos, Dokumente und einiges mehr. Diese Dinge hätten die meinen sein können.

Joachim und Gabriela kamen in den USA an, und wir begannen unsere Reise. Joachim und ich saßen nachts beisammen und sprachen vom Krieg und wie wir davon geprägt waren. Joachim und ich hatten die Gespräche, die ich nicht mit meinem eigenen Vater geführt hatte und die ich mir so sehr gewünscht hätte. Mein Vater war Jahre zuvor gestorben. Ich glaube, als er starb hing er noch immer der Idee an, dass, wenn der Krieg erst einmal vorbei ist, man nie wieder ehrlich über den Krieg sprechen sollte. Es werden nur die Heldengeschichten erzählt, und man macht sich daran, alles wieder aufzubauen und mit seinem Leben fortzufahren. Eine alte und schreckliche Lüge. Joachim hingegen, der Feind meines Vaters, bot mir das Herz eines Vaters an.

Da ich in einer gewalttätigen Kultur aufgewachsen bin, ist mir deren Lehre sehr vertraut. Es ist eine Lehre, die jeweils nur den begrenzten Blick für eine Seite der Wahrheit zulässt. Und weil mir die Gabe einer weiterreichenden Sicht gegeben wurde, halte ich es für nötig und bin ich in meinem Bemühen umso mehr entschlossen, ein Bewusstsein für die Aussichtslosigkeit dieser Lehre zu schaffen. Ich bin genötigt und in meinem Bemühen entschlossen, ein Bewusstsein dafür zu schaffen, dass Gewalt im eigenen Selbst beginnt und endet und dass, wenn wir uns nicht damit befassen, Gewalt immer und nur zu mehr Gewalt führt.

Ich kann kein einziges Leben, das ich jemandem als Soldat im Kampf genommen habe, zurückgeben. Ich kann auch nicht den Schaden wiedergutmachen, den ich anderen nach dem Vietnamkrieg zugefügt habe, weil ich nicht erkannte, wie sehr ich durch meinen Kriegsdienst geprägt worden war. Ich suchte nur nach Auslöschung.

Aus diesen Erfahrungen erwuchs mein Wunsch, immer wieder folgende Frage öffentlich zu stellen: »Was kann ich *jetzt* tun, um dafür zu sorgen, dass niemand mehr getötet, verkrüppelt oder verstümmelt wird? Was kann ich tun, um den Krieg zu beenden?« Mögen dieses Buch und diese Geschichten als eine Landkarte auf dem Weg dienen.

Danksagung

Mit dem Schreiben dieses Buches begann ich vor einigen Jahren, weil ich einen Sinn suchte in meinem Leben, das in Trümmern zu liegen schien. Nachdem ich von der Drogenabhängigkeit geheilt war und viele schwierige Bereiche in meinem Leben, die durch die vielen Drogen verdeckt worden waren, geordnet hatte, blieb mir noch die sich bedrohlich abzeichnende Altlast meiner Vergangenheit als Soldat in Vietnam.

Zu der Zeit, als ich die Bilder, Geräusche, Gerüche, Erinnerungen und verdrängten Gefühle aus meiner Vergangenheit nicht mehr länger aushalten konnte, musste ich etwas tun, das mir Zugang zu meiner geistigen Gesundheit verschaffen konnte. Also schrieb ich. Ich möchte all den Menschen meine tief empfundene Dankbarkeit aussprechen, ohne deren Unterstützung dieses Buch nicht existieren würde und ohne die ich vielleicht auch selbst nicht mehr am Leben wäre.

Ich möchte Susan Weissberg meinen tiefsten Dank für ihre hilfreiche Textbearbeitung in den Anfängen des Buches ausdrücken.

Außerdem geht mein Dank an Doug Abrams, meinen Literaturagenten, für sein Geschick, die Idee des Buches der Verlagswelt zu präsentieren; für seine Bearbeitung, sein beharrliches Dranbleiben, um den bestmöglichen Text zu erstellen, und dafür, dass er dem Text zur Veröffentlichung verholfen hat.

An Eden Steinberg, die Lektorin bei Shambhala, für ihre Unterstützung dieses Projektes, für ihr Geschick, ihre Sanftmut und ihren akribischen Einsatz, als sie mir dabei half, das Buch zusammenzustellen.

An den deutschen Filmemacher Jörg Röttger für seine frühe und andauernde Anerkennung und Unterstützung meiner Beschäftigung mit den Traumata des Krieges und der Gewalt in Deutschland und mit der Heilung dieses Leidens.

An Gisela Tan für all ihr Bemühen während der ersten Tage meines Aufenthalts in Deutschland.

An Robert Atzorn für seine Freundschaft und seine unerschütterliche Unterstützung seit unserer ersten Begegnung.

An Robert Zeigler, einen Psychiater, der mir buchstäblich das Leben gerettet und mir geholfen hat, aus der eiskalten Hölle des Krieges auszusteigen.

An Nancy Miriam Hawley, einer Sozialarbeiterin, deren ungeheure Unterstützung mir über Jahre hinweg geholfen hat, zu lernen, wie ich doch in einer Art nützlichen Beziehung zur Gesellschaft leben kann.

An Thich Nhat Hanh, der mir meine Stimme verliehen hat und das Fundament der Drei Juwelen.

An Bernie Baisen Tetsugen Glassman Roshi, der mir eine Basis gab, von der aus meine Stimme gehört werden konnte und von der aus sich meine Stimme in Handlung umsetzen konnte.

An Wiebke KenShin Andersen, die mich in ihrer Aufgabe als Assistentin und ständiger Begleiterin unermüdlich während der letzten zehn Jahre unterstützt hat.

Anhang

Meditationsübungen zum Einstieg

Hier finden Sie einige grundlegende Meditationsübungen, die Sie in Ihrem Alltag anwenden können. Ich hatte die Gelegenheit, Menschen mit ganz unterschiedlichem Hintergrund und in ganz unterschiedlichen Situationen in Meditation zu unterrichten. Wo auch immer ich hingehe, unterrichte ich die zen-buddhistischen Übungen, die mir selbst geholfen haben, mein Leben zu verändern. Sie können selbst entscheiden, wie viele der Übungen Sie anwenden möchten, doch ermutige ich Sie, sich dabei zu bemühen, sich wirklich auf die Übungen einzulassen und herauszufinden, was Ihnen hilft, mehr Gewahrsein, mehr Offenheit und mehr Mitgefühl zu entwickeln.

Sitzmeditation

Üben Sie jeden Morgen und jeden Abend mindestens fünf Minuten Sitzmeditation. Suchen Sie sich dafür einen behaglichen und ruhigen Ort. Wenn Sie mögen, dann errichten Sie dort einen kleinen Altar mit einer Kerze, Räucherstäbchen und ein paar Blumen. Sie können für die Meditation auf einem Stuhl oder auf dem Boden sitzen. Wenn Sie sich auf einen Stuhl setzen, dann stellen Sie Ihre Füße flach auf den Boden und setzen sich aufrecht hin (lehnen Sie Ihren Rücken nicht an). Falls Sie auf dem Boden sitzen, können

Sie mit gekreuzten Beinen die volle oder halbe Lotusposition einnehmen, wobei Sie ein Kissen zur Anhebung des Gesäßes benutzten können, sodass die Knie einfacher den Boden berühren. Oder Sie können auch in *seiza* sitzen, einer Position, die in Japan von Ordinierten und Laien zur Meditation häufig eingenommen wird. Man kniet dabei auf dem Boden mit dem Gesäß auf den Fersen. Diese Position kann für Anfänger schwierig sein, sodass es für sie hilfreich sein kann, dabei ein Kissen oder ein Sitzbänkchen unter dem Gesäß zu haben.

Sitzen Sie mit aufgerichtetem Kopf und leicht eingezogenem Kinn. Nehmen Sie die Schultern zurück. Stellen Sie sich vor, dass die Ohren in einer Linie mit den Schultern sind und die Nase in einer Linie mit dem Bauchnabel. Finden Sie eine bequeme Handhaltung, z. B. können Sie die Hände im Schoß ruhen lassen. Oder Sie können eine traditionellere Handhaltung einnehmen, bei der die Finger der rechten Hand auf den Fingern der linken Hand liegen, die Handflächen nach oben weisen und die Daumen einander fast berühren. Falls Sie diese Position wählen, halten Sie Ihre Hände einfach auf Höhe des Bauchnabels. Sie können mit offenen oder geschlossenen Augen sitzen. Falls Sie die Augen geöffnet lassen, senken Sie den Blick und suchen Sie eine Stelle vor sich auf dem Boden, wo Sie Ihren Blick ruhen lassen können. Bei der Sitzmeditation ist eine korrekte Körperhaltung aus vielerlei Gründen wichtig, unter anderem um den freien Atemfluss zu ermöglichen.

In dieser Körperhaltung konzentrieren Sie sich nun auf Ihren Atem, auf jede Einatmung und jede Ausatmung. Spüren Sie, wie sich der Bauch beim Einatmen hebt und beim Ausatmen wieder zusammenzieht. Es gibt nichts zu erreichen, es gibt dabei nichts zu gewinnen. Registrieren Sie Ihre Gedanken, Ihre Gefühle und Ihre Vorstellungen. Hängen

Sie sich nicht daran, doch weisen Sie sie auch nicht zurück. Beobachten Sie sie einfach und atmen Sie weiter. Wenn Sie merken, dass es Ihnen Schwierigkeiten bereitet, bei Ihrem Atem zu bleiben, dann können Sie zur Unterstützung die Technik des Atemzählens anwenden. Atmen Sie einmal ein und aus und zählen Sie dabei 1, ein und aus und zählen Sie 2 usw., bis Sie bei 10 angekommen sind. Wenn Sie bei 10 angekommen sind, dann zählen Sie wieder rückwärts bis 1. Denken Sie daran, dass es nicht darum geht, zur 10 zu gelangen, sondern darum, mit Ihrem Atem in Verbindung zu bleiben.

Falls Sie körperliches Unbehagen verspüren, sitzen Sie damit für eine Weile. Falls das Unwohlsein andauert, ändern Sie achtsam Ihre Haltung ein wenig, bis der Schmerz nachlässt. Ihre »Sitzmuskeln« (mentale, spirituelle wie körperliche) werden nach einigem Üben stärker werden. Selbst wenn Sie nur fünf Minuten lang sitzen, sollten Sie dies in jedem Falle jeden Morgen und jeden Abend tun. Es muss nicht perfekt sein, aber es ist wichtig, dass Sie es tun. Ich garantiere Ihnen, dass sich Ihr Leben verändern wird und dass Sie anfangen werden, Heilung und Transformation zu erleben.

Gehmeditation

Phasen der Sitzmeditation können mit Gehmeditationen abgewechselt werden. Gehmeditation ist dem Sitzen ähnlich, mit dem Unterschied, dass wir nun unsere Schritte mit dem Atem verbinden; wir stimmen unsere Schritte auf unseren Atem ab. Bei jeder Einatmung machen wir einen Schritt und bei jeder Ausatmung machen wir einen Schritt. Ein, aus, ein, aus. Wir gehen langsam und ganz bewusst und erzwingen nicht das Zusammenspiel zwischen Schritten und Atem, sondern lassen zu, dass sich von selbst eine stimmige Beziehung entwickelt.

Wenn wir in einer Gruppe sind, gehen wir in einer Linie hintereinander. Sie können Ihre Hände an den Seiten hängen lassen oder auch eine traditionellere Handhaltung ausprobieren: Machen Sie eine Faust mit der linken Hand, der Daumen liegt dabei innen. Halten Sie die Faust mit der Handfläche in Richtung des Solarplexus, wobei das Daumengelenk noch oben zeigt. Dann legen Sie die rechte Hand auf und um die linke Faust herum, sodass die linken Fingerknöchel in der rechten Handfläche liegen. Behalten Sie diese Handposition während des Gehens bei und halten Sie die Unterarme parallel zum Boden. Sie können die Hände auch in *gassho* halten, d. h., dass Sie die Handflächen in Höhe des Gesichts aneinander pressen, wobei die Fingerspitzen der Mittelfinger auf gleicher Höhe mit der Nasenspitze sind. Lassen Sie Ihren Blick ca. einen Meter vor sich auf dem Boden ruhen.

Gehen Sie einfach, um zu gehen. Sie müssen nirgendwo ankommen. Sie sind immer hier und jetzt da. Wir kommunizieren durch unsere Füße mit der Erde und dem gesamten Universum. Ganz besonders in Zeiten mit viel Aufregung und Sorgen ist die Gehmeditation ein wunderbares Mittel, zentriert und konzentriert zu bleiben und nicht von unseren Gedanken, Gefühlen und Vorstellungen mitgerissen zu werden. Wenn Sie Meditation in längeren Zeitspannen üben wollen, ist Gehmeditation eine wunderbare Möglichkeit, die Zeit des Sitzens zu unterbrechen und dabei den Körper auszustrecken und zu entspannen. Lassen Sie sich dabei Zeit und achten Sie auf Ihren Atem und Ihre Schritte.

Wenn Sie draußen Gehmeditation üben, dann folgen Sie denselben Richtlinien, aber gehen etwas schneller. Verbinden Sie sich mit dem Tempo der Welt um Sie herum und mit dem Tempo des Alltags. Sie können zum Beispiel bei der Einatmung drei Schritte und bei der Ausatmung drei Schritte tun. Denken Sie dabei daran, dass die Absicht bei der Gehmeditation immer darin besteht, dass sich ein natürlicher Rhythmus von Atem und Schritten einstellt (Ich habe herausgefunden, dass mein natürlicher Rhythmus darin besteht, bei der Einatmung vier Schritte zu tun und bei der Ausatmung vier Schritte). Gestatten Sie es sich während des Gehens Ihre Umgebung, durch die Sie sich bewegen und von der Sie ein Teil sind, wahrzunehmen. Spüren Sie die Luft, wie sie Sie sanft berührt oder kühlt. Beobachten Sie die Farben, an denen Sie vorbeigehen, und Ihre Beziehung dazu. Nehmen Sie die Geräusche wahr und Ihre Beziehung dazu. Gehen Sie, atmen Sie und nehmen Sie wahr.

Arbeitsmeditation

Arbeiten ist ein Teil unseres Lebens; es ist ein Ausdruck unserer Kreativität und unserer Verbundenheit mit dem Leben. Es gibt immer etwas, das getan werden muss; wir können dies also genauso gut als Gelegenheit zum Üben nutzen. Die kürzeste Anleitung zur Arbeitsmeditation ist: Wenn Sie nicht mit Ihrem Atem in Kontakt sind, sind Sie nicht in Arbeitsmeditation! Wenn wir arbeiten, tun wir etwas, einfach um es zu tun. Wir tun einfach, was gerade getan werden muss. Und am Ende einer Arbeitsperiode, treten wir zurück und betrachten, was dabei zustande gekommen ist.

Seien Sie sich jedes Details Ihrer Arbeit bewusst. Seien Sie sich bewusst, was Sie als angenehm oder unangenehm wahrnehmen. Seien Sie sich Ihrer Hierarchie-Konzepte bewusst. Erkennen Sie, wann und wo Sie sich aus dem Gleichgewicht gebracht fühlen, und machen Sie einen Schritt in Richtung größerer Ausgewogenheit. Zum Beispiel, falls Sie jemand sind, der allein arbeitet, bitten Sie jemanden um Hilfe. Falls Sie jemand sind, der eher am Rand steht und anderen die Initiative überlässt, dann seien Sie ein bisschen bestimmender. Falls Sie die Tendenz haben, zu schnell zu arbeiten, dann versuchen Sie etwas langsamer zu machen.

Ein chinesischer Mönch sagte: »Ein Tag ohne Arbeit ist ein Tag ohne Nahrung.« Denken Sie daran, dass unsere Arbeit uns unterstützt und unser Leben erst ermöglicht – dass nämlich solche einfachen Notwendigkeiten wie Nahrung ohne ein aktives Engagement im Alltag nicht auf magische Weise von selbst erscheinen werden. Wir können unsere Arbeit als eine Art des Dankes betrachten, Dank an die Welt für das Vorhandensein von Obdach, Nahrung, Licht, Wärme, Wasser usw. Bedauerlicherweise ist Arbeit zu einer enormen Quelle von Leiden in unserer Gesellschaft geworden. Unser Wert und unsere gesellschaftliche Anerkennung und Zugehörigkeit werden häufig anhand unseres Berufes gemessen oder daran, ob wir überhaupt eine Arbeit haben. Arbeitsmeditation kann uns dabei helfen, das Licht des Bewusstseins und des Mitgefühls in die Welt der Arbeit zu bringen.

Essmeditation

Wir alle müssen essen, aber wir achten kaum darauf, wann, was oder mit wem wir essen. Essen kann zu einer Droge werden, die unsere Gefühle betäubt und uns am Erwachen hindert. Die beste Vorbereitung zur Essmeditation ist, hungrig zu sein und zu wissen, dass weniger oft mehr ist. Wenn Sie sich mit einem Teller mit Essen hinsetzen, dann sollten Sie sich zunächst einen Moment Zeit nehmen und dreimal bewusst ein- und ausatmen, bevor Sie mit dem Essen beginnen. Dann rezitieren Sie folgenden Vers, entweder laut oder still für sich:

> Dieses Essen ist das Geschenk des ganzen Universums, der Erde, des Himmels und harter Arbeit. Möge ich auf eine solche Art und Weise leben, die mich würdig macht, es zu empfangen. Möge ich meine unheilsamen Geisteszustände umwandeln, insbesondere meine Gier. Möge ich nur Essen zu mir nehmen, das mich nährt und mich vor Krankheit schützt. Ich empfange dieses Essen, sodass ich den Pfad von Liebe, Mitgefühl und Frieden verwirklichen möge.

Dann beginnen Sie zu essen. Falls möglich, essen Sie schweigend. Kauen Sie jeden Bissen fünfzig Mal oder geben Sie sich, wenn Sie mit dieser Übung anfangen, zumindest Mühe dabei, auch wenn Sie bemerken, dass ein Bissen für so häufiges Kauen nicht ausreichen wird. Wir neigen dazu, unser Essen sehr schnell hinunterzuschlucken. Viele von uns haben dieselbe Dynamik in ihrem Leben: Wir wollen auf gar nichts herumkauen; wir wollen konsumieren, die Dinge aufnehmen und hinunterschlucken. Also, nehmen Sie sich die Zeit, das wundervolle Geschenk der Nahrung wertzuschätzen – die Gerüche, den Geschmack, den Anblick, die Geräusche.

Mit Kindern können Sie eine Mahlzeit damit beginnen, die Nahrung auf dem Tisch beim Namen zu nennen. Auf Erwachsene wirkt es sich wiederum positiv aus, ein Nahrungsmittel gerade nicht zu benennen und damit nicht dafür zu sorgen, dass der Intellekt sofort die Führung übernimmt. Treffen Sie die Entscheidung, die Ihnen dabei hilft, die Nahrung, die Sie essen, vollständig zu erleben.

Anstatt nur aus Vergnügen zu essen, sollten Sie auch die Gesundheit Ihres Körpers und Geistes in Betracht ziehen. Nahrung ist nur gesund, wenn sie ausgewogen ist; zu viel davon ist nicht gut und zu wenig auch nicht. Nehmen Sie sich 15 Minuten Zeit bei jeder Mahlzeit, um Essmeditation zu üben, und Ihr Körper wird die Gelegenheit haben, Ihnen zu zeigen, wenn er satt ist – ein Moment, den wir oft verpassen. Ihr Körper wird dafür dankbar sein, Nahrung zu erhalten, die bereits gut gekaut ist. Und Ihr Körper wird dafür dankbar sein, nicht zu viel und nicht zu wenig zu erhalten. Atmen Sie am Ende der Essmeditation dreimal ein und aus und sagen Sie laut oder innerlich Danke.

Tiefes Zuhören und achtsames Sprechen

Sehr viel von unserem Leiden wird durch die Art, wie wir kommunizieren, ausgelebt. Die Übung des tiefen Zuhörens und des achtsamen Sprechens hilft uns dabei, bewusster zu werden, unsere eigenen Geschichten und die Geschichten anderer kennenzulernen und mehr Frieden in unser Leben zu bringen. Wir müssen unsere Geschichte wieder und wieder erzählen und anderen zutiefst zuhören, sodass wir den Kreislauf des Leidens anhalten können.

Wir müssen einander zuhören, wirklich zuhören, ohne der Versuchung zu unterliegen, etwas ändern oder in Ordnung bringen zu wollen. Während wir zuhören, können wir einfach mit Offenheit und Empathie da sein. So kann der Heilungsprozess beginnen. Obwohl wir glauben, das wir wüssten, was tiefes Zuhören wirklich bedeutet, schenken wir einem anderen doch oft nicht unsere ganze Aufmerksamkeit, wenn er spricht. Wir tendieren dazu, zu beurteilen, was jemand sagt, uns zu verteidigen, zu reagieren, Ratschläge zu geben oder auf andere Weise die Situation kontrollieren zu wollen. Deshalb ist die Übung des achtsamen Zuhörens so hilfreich.

Wenn ich mit Gruppen arbeite, wende ich die folgende Übung an, um achtsames Zuhören zu praktizieren: Wir sitzen im Kreis. Ein Gegenstand – es ist egal, was für ein Gegenstand es ist – wird in die Mitte des Kreises gelegt. Wir sitzen für kurze Zeit in Stille zusammen und konzentrieren uns auf unseren Atem, auf den Rhythmus von Einatmung und Ausatmung. Wenn jemand in der Gruppe bereit ist zu sprechen, signalisiert er den anderen ohne Worte, dass er sich den Gegenstand aus der Mitte nehmen möchte (meist schlage ich vor, dass die Person Ihre Handflächen aneinanderlegt, sodass die Fingerspitzen der Mittelfinger auf gleicher Höhe mit der Nasenspitze sind, und sich verneigt. Doch jede andere Geste ist auch in Ordnung). Nach dieser Geste nimmt die Person, die sprechen möchte, den Gegenstand aus der Mitte auf und beginnt zu sprechen, während sie mit der Aufmerksamkeit ganz bei ihrem Atem bleibt.

Während einer aus der Gruppe spricht, hören die anderen zu. Auch die Zuhörenden nutzen ihren Atem als Anker, während sie die Gedanken, Gefühle und Vorstellungen wahrnehmen, die währenddessen bei ihnen aufsteigen. Die Zuhörenden kommentieren das Gesagte nicht, sie geben keine Ratschläge, machen keine Vorschläge, sondern atmen einfach weiter ein und aus, während sie versuchen aufmerksam zuzuhören und auch das wahrzunehmen, was sie am Zuhören hindert. Wenn der Sprechende geendet hat, zeigt er dies der Gruppe mit einer Geste an, vielleicht der gleichen Geste wie zu Beginn, und legt den Gegenstand zurück in die Mitte des Kreises. Nun wird derjenige, der gesprochen hat, zu einem aktiven Zuhörer. Was in der Gruppe gesagt wird, muss auch innerhalb der Gruppe bleiben, damit sich eine

Atmosphäre der Integrität und des Aufgehobenseins entwickeln kann. Außerdem ist es sehr wichtig, dass eine solche Gruppe nicht zu einer Diskussionsrunde wird. Vielmehr ist dies eine Übung, um achtsames Zuhören zu entwickeln. Diese Übung ist nicht immer angenehm und einfach, aber sie ist entscheidend, um zu erwachen.

Fragenkatalog für Diskussionen

1. Claude AnShin Thomas ist der Ansicht, dass jeder, der mit Krieg und Gewalt in Berührung gekommen ist, davon beeinträchtigt ist, jedoch nicht jeder auf dieselbe Art und Weise. Auf welche Art und Weise sind Sie in Ihrem Leben mit Gewalt in Berührung gekommen und wie sind Sie davon beeinträchtigt worden?

2. Thomas bezeichnet seine Kindheit als »den Krieg vor dem Krieg«. Welche Aspekte seiner Erziehung bereiteten ihn darauf vor und konditionierten ihn dafür, Soldat zu werden? Schauen Sie sich auch Ihre eigene Erziehung an: Was wurde Ihnen vermittelt in Bezug auf Gewalt und in Bezug auf Krieg?

3. Thomas erklärt, dass Krieg nicht etwas ist, das ausschließlich an Orten wie Bosnien, Ruanda oder Irak stattfindet. »Krieg ist nicht etwas, dass außerhalb von uns stattfindet«, schreibt er. »Nach meinem Verständnis und nach meiner Erfahrung ist Krieg ein kollektiver Ausdruck von individuellem Leiden.« Nach Thomas nimmt Krieg in jedem von uns seinen Anfang. Was schlägt er vor, um Krieg zu beenden?

4. Thomas vertritt aus seiner eigenen Erfahrung heraus die feste Überzeugung: »Gewalt ist niemals eine Lösung.«

Wie kommt er zu dieser Aussage? Stimmen Sie dem ebenfalls zu?

5. Wie hat sich das Verständnis des Autors von Mut und Stärke im Laufe seines Lebens verändert?

Die Zaltho Foundation

Claude AnShin Thomas gründete 1993 die Zaltho Foundation, Inc., eine nach amerikanischer Gesetzgebung nichtgewinnorientierte, gemeinnützige Stiftung, die sich zum Ziel gesetzt hat, Gewalt zu beenden durch die Unterstützung von sozial engagierten Projekten in Schulen, Gemeinden, Organisationen und Familien. Dabei liegt der Schwerpunkt auf dem Individuum als dem zentralen Bestandteil in allen Gruppen. Die Zaltho Foundation organisiert eine Vielzahl von Aktivitäten, z. B. Pilgerwanderungen, öffentliche Vorträge, interreligiöse Dialoge, Meditations-Retreats und Straßen-Retreats, und arbeitet mit Soldaten und Opfern von Kriegen. Zusätzlich unterstützt die Stiftung gesellschaftliche Randgruppen, wie z. B. Gefangene, Obdachlose und Flüchtlinge.

Die Zaltho Foundation betreibt auch das Magnolia Zen Zentrum in Mary Esther, Florida, USA, ein Retreat-Zentrum, das der buddhistischen Lehre der gegenseitigen Verbundenheit verpflichtet ist und sozial engagierte Menschen unterstützt, indem sie diesen spirituellen Beistand anbietet. Außerdem hat die Zaltho Foundation eine Tochterorganisation in Deutschland, die Zaltho Sangha e. V., deren Arbeit der Unterstützung von Einzelpersonen, Familien und Gemeinden gewidmet ist, die entschlossen sind, die Ausübung von Achtsamkeit und Meditation in all ihren Formen zu erlernen und zu entwickeln.

Zaltho Sangha e.V.
Gemeinschaft für Frieden und soziale Aussöhnung
Hermann-Nörrenberg-Str. 17
51379 Leverkusen
Tel: 0178/5322111
E-mail: info@zaltho.de
www.zaltho.de

Zaltho Foundation, Inc. International
PMB 312, 60 Thoreau St.
Concord, MA 01742, USA
Tel: 978-369-4342
Fax: 850-243-1167 (in Mary Esther, FL)
E-mail: kenshin@zaltho.org
www.zaltho.org

Weiterführende Literatur

Buddhismus

Aitken; Robert. *Mind of Clover*. North Point Press, New York 1984.

Batchelor, Stephen. *Buddhism without Beliefs*. Riverhead Books, New York 1998 (Dt.: *Buddhismus für Ungläubige*. Fischer TB, Frankfurt a. M. 2005).

Easwaran, Eknath. *The Dhammapada*. Nilgiri, Calif. 1986 (Dt.: *Dhammapada. Buddhas zentrale Lehren*. Goldmann, München 2006).

Fields, Rick. *How the Swans Came to the Lake: A Narrative History of Buddhism in America*. 3d. ed. Shambhala, Boston 1992.

Glassman, Bernie. *Bearing Witness: A Zen Master's Lessons in Making Peace*. Bell Tower, New York 1998 (Dt.: *Zeugnis ablegen*. Theseus, Berlin 2001).

Merzel, Dennis Genpo. *Beyond Sanity and Madness: The Way of Zen Master Dogen*. Tuttle, Boston 1994.

Thich Nhat Hanh. *Being Peace*. Parallax Press, Berkeley, Calif. 1988.

—. The Miracle of Mindfulness. Parallax Press, Berkeley, Calif. 1986 (Dt.: *Das Wunder der Achtsamkeit*. Theseus, Berlin 1997).

Vietnam-Krieg

O'Brien, Tim. *The Things They Carried: A Work of Fiction*. Broadway Books, New York 1999 (Dt.: *Was sie trugen*. Fischer TB, Frankfurt a. M. 2001).

Shay, Jonathan. *Achilles in Vietnam: Combat Trauma and the Undoing of Character*. Scribner, New York 1995 (Dt.: *Achill in Vietnam. Kampftrauma und Persönlichkeitsverlust*. Hamburger Edition, Hamburg 1998).

Krieg und Gewalt

Barker, Pat. *The Eye in the Door*. Plume, New York 1995 (Dt.: *Das Auge in der Tür*. dtv, München 2000).

—. *Regeneration*. Plume, New York 1993 (Dt.: *Niemandsland*. Dtv, München 1999).

—. *The Ghost Road*. Plume, New York 1996 (Dt.: *Die Straße der Geister*. dtv, München 2000).

Gilligan, James. *Violence: Reflections on a National Epidemic*. Vintage Books, New York 1997.

Grossman, Dave. *On Killing: The Psychological Cost of Learning to Kill in War and Society*. Back Bay Books, New York 1996.

Hedges, Chris. *War Is a Force That Gives Us Meaning*. Anchor Books, New York 2003.

Victoria, Brian. *Zen at War*. Weatherhill, New York 2000 (Dt.: *Zen, Nationalismus und Krieg. Eine unheimliche Allianz*. Theseus, Berlin 1999).

Johnson, Charles. *Turning the Wheel: Essays on Buddhism and Writing*. Scribner, New York 2003.

—. Oxherding Tale. Plume, New York 1995.

Johnston, William, ed. *The Cloud of Unknowing*. Image Books, New York 1996.

Pagels, Elaine. *The Gnostic Gospels*. Vintage Books, New York 1989.

Über den Autor

Claude AnShin Thomas, geb. 1947 in einer Kleinstadt in Pennsylvania, meldete sich nach der High School mit 17 Jahren freiwillig zum Militärdienst und ging mit 18 Jahren nach Vietnam. Nach seiner Rückkehr litt er viele Jahre unter einer *Post-Traumatic Stress Disorder* (PTSD). 1991 lernte er Thich Nhat Hanh bei einem Seminar für Kriegsveteranen kennen und lebte für drei Jahre in dessen spirituellem Zentrum in Frankreich. 1995 ordinierte ihn Bernard Glassman zum buddhistischen Mönch in der Soto-Zen-Tradition. Er ist Gründer der Zahltho Foundation, einer gemeinnützigen Organisation, die Gewaltlosigkeit und Frieden fördernde Aktivitäten initiiert und unterstützt.